A produção gráfica
E SEU PAPEL NA COMUNICAÇÃO

Dados Internacionais de Catalogação na Publicação (CIP)
(Simone M. P. Vieira – CRB 8ª/4771)

De Lucca, Marisa
  A produção gráfica e seu papel na comunicação / Marisa de Lucca. – São Paulo: Editora Senac São Paulo, 2022.

  Glossário.
  Bibliografia.
  ISBN 978-85-396-3339-5 (impresso/2022)
  e-ISBN 978-85-396-3340-1 (ePub/2022)
  e-ISBN 978-85-396-3341-8 (PDF/2022)

  1. Artes gráficas 2. Projeto gráfico 3. Tipografia 4. Impressão 5. Encadernação de livros I. Título.

22-1521t CDD – 686
 BISAC DES007000
 DES007050

Índice para catálogo sistemático:
1. Produção gráfica 686

MARISA DE LUCCA

A produção gráfica
E SEU PAPEL NA COMUNICAÇÃO

EDITORA SENAC SÃO PAULO – SÃO PAULO – 2022

ADMINISTRAÇÃO REGIONAL DO SENAC NO ESTADO DE SÃO PAULO
Presidente do Conselho Regional: Abram Szajman
Diretor do Departamento Regional: Luiz Francisco de A. Salgado
Superintendente Universitário e de Desenvolvimento: Luiz Carlos Dourado

EDITORA SENAC SÃO PAULO
Conselho Editorial: Luiz Francisco de A. Salgado
Luiz Carlos Dourado
Darcio Sayad Maia
Lucila Mara Sbrana Sciotti
Luís Américo Tousi Botelho

Gerente/Publisher: Luís Américo Tousi Botelho
Coordenação Editorial: Ricardo Diana
Prospecção: Dolores Crisci Manzano
Administrativo: Verônica Pirani de Oliveira
Comercial: Aldair Novais Pereira

Edição: Heloisa Hernandez
Revisão Técnica: Fabiana Guerra
Coordenação de Revisão de Texto: Marcelo Nardeli
Preparação e Revisão de Texto: Camila Lins
Coordenação de Arte: Antonio Carlos De Angelis
Capa, Projeto Gráfico e Editoração Eletrônica: Veridiana Freitas
Imagens: Adobe Stock Photos
Coordenação de E-books: Rodolfo Santana
Impressão e acabamento: Maistype

Proibida a reprodução sem autorização expressa.
Todos os direitos desta edição reservados à
Editora Senac São Paulo
Av. Engenheiro Eusébio Stevaux, 823
Prédio Editora – Jurubatuba
CEP 04696-000 – São Paulo – SP
Tel. (11) 2187-4450
editora@sp.senac.br
https://www.editorasenacsp.com.br

© Editora Senac São Paulo, 2022

Ao Lucas, por tudo, sempre;

ao Evandro, pela consultoria;

à Paloma, minha companheira inseparável de trabalho.

9 NOTA DO EDITOR

11 INTRODUÇÃO

17 CAPÍTULO **1**
Criação:
ONDE TUDO COMEÇA

- 17 Etapas da criação
- 22 Adequação do projeto gráfico ao meio e suportes de impressão
- 25 Cor
- 34 Tipologia | Tipografia
- 45 Imagens: do negativo ao digital
- 55 Retícula: a reprodução da imagem
- 60 Aproveitamento de papel e orçamento gráfico
- 66 Briefing para a produção gráfica

69 CAPÍTULO **2**
Pré-impressão:
PREPARAÇÃO DE ARQUIVOS

- 69 Etapas pré-impressão
- 70 Tratamento de imagens: resolução e lineatura
- 71 Fechamento de arquivos
- 80 Provas de cor: do prelo à prova digital
- 83 Gravação de chapa – CTP

SUMÁRIO

85 CAPÍTULO 3
Impressão:
CHAPAS GRAVADAS, MATERIAL PRONTO PARA RODAR

- 85 Suportes de impressão
- 93 Processos de impressão
- 102 Tintas
- 106 Problemas de impressão

111 CAPÍTULO 4
Pós-impressão:
O "NASCIMENTO" DO PRODUTO GRÁFICO

- 111 Acabamento

121 CAPÍTULO 5
Sustentabilidade:
ISSO EXISTE NO UNIVERSO GRÁFICO?

- 122 Indústria gráfica × sustentabilidade

125 CONCLUSÃO

127 ANEXOS
- 127 Dicas de profissionais da área
- 130 Materiais publicitários, ponto de venda (PDV) e comunicação
- 132 Estrutura de um livro

135 GLOSSÁRIO

141 REFERÊNCIAS

NOTA DO EDITOR

Marisa de Lucca, publicitária por formação e produtora gráfica há mais de vinte anos, explica nesta publicação os temas mais importantes da área gráfica no desenvolvimento de projetos de comunicação impressos.

Da pré à pós-impressão, a autora destaca a necessidade de pensar num produto não só sob a perspectiva da estética, mas também contemplando a funcionalidade do material, antevendo os principais problemas que podem ocorrer, considerando não só o produto em si, mas aspectos que podem favorecer ou desfavorecer a sua qualidade e durabilidade. Assim, ela perpassa questões relacionadas ao papel, à imagem, ao suporte, à tinta, à impressão, ao acabamento e à sustentabilidade, e explica de forma prática como fechar arquivos para a gráfica.

O Senac São Paulo, com este lançamento, oferece conteúdo didático sobre produção gráfica, voltado para estudantes e profissionais da área gráfica e de comunicação.

PRODUÇÃO GRÁFICA

A produção gráfica faz parte da cadeia da comunicação impressa e engloba uma série de operações que resultará na concretização do material impresso. Está presente em todo o desenvolvimento do projeto, desde a escolha de materiais até a finalização do produto, passando pela escolha de insumos, definição de custos, fornecedores, entre outras etapas.

A produção gráfica abrange três processos: pré-impressão, impressão e pós-impressão.

O profissional que atua nesta área é o produtor gráfico, e seu desempenho é determinante para a qualidade final do material impresso.

O PRODUTOR GRÁFICO E A INDÚSTRIA CRIATIVA

Ler um livro em um dia chuvoso, folhear uma revista enquanto aguarda uma consulta, passar os olhos por um catálogo de produtos, escolher o que deseja comer em um cardápio são atos tão naturais em nosso dia a dia que fica difícil imaginar todo o processo por trás do material que está em nossas mãos.

São papéis, tintas, designers, projetos gráficos, redatores, tipos de impressão, finalizadores... Uma gama gigante de processos e profissionais.

E, quando o assunto é material impresso, um profissional em específico – o produtor gráfico – tem papel de suma importância como...

... CONSULTOR TÉCNICO NA ETAPA DE CRIAÇÃO

Tudo se inicia a partir de um projeto gráfico, criado por um designer ou por um diretor de arte, que, em geral, tem conhecimento em sua área e em diferentes segmentos, como artes, fotografia, música, literatura, atualidades, história, etc., em virtude de sua função. Contudo, muitas vezes esse profissional desconhece os processos gráficos que envolvem a produção de materiais publicitários, por exemplo.

A distância entre o layout criado e a impressão do material é gigante, e nem tudo que se idealiza em uma tela de computador é passível de ser executado na prática; ou, em última instância, o previsto pode não alcançar o resultado esperado.

No computador, o profissional da criação trabalha com o que chamamos de cor-luz, também conhecida como sistema RGB (Red, Green e Blue), e a gráfica trabalha com o que chamamos de cor-pigmento, também conhecida como sistema CMYK (Cyan, Magenta, Yellow e Black), princípios completamente distintos. Para que o produto impresso tenha um resultado muito próximo ao do layout digital aprovado, é preciso que se entenda a distinção entre esses sistemas e os recursos existentes para atingir o objetivo desejado.

Na criação de um projeto, o diretor de arte precisa definir qual será seu formato, que pode, por exemplo, gerar um efeito visual muito bonito, mas mostrar-se inadequado em sua execução, por não possibilitar o melhor aproveitamento de papel. Conhecer formatos de papel auxilia muito nessa definição.

No momento de decidir sobre um revestimento que confira ao material elegância, beleza e suavidade ao toque, o diretor de arte pode optar por utilizar uma laminação fosca, mas após a aplicação verificará que as cores ficaram menos densas. Essa é uma característica desse revestimento. Conhecer os tipos de acabamentos existentes e suas particularidades evita resultados indesejados.

Esses exemplos demonstram como a participação do produtor gráfico, em todas as etapas, do brainstorming ao fechamento do arquivo, das provas ao acabamento, é aposta certa.

Somente o produtor gráfico poderá indicar o melhor papel, o melhor formato, o suporte mais adequado para cada tipo de impressão, os tipos de acabamentos, as tintas e os vernizes especiais, os prazos de produção, a escolha de fornecedores de acordo com a capacidade técnica produtiva, dentre outras tantas informações relevantes que impactarão diretamente na qualidade e no custo final de cada projeto, buscando atender às necessidades do cliente.

... ELO ENTRE O CRIADOR DO PROJETO (AGÊNCIA, DESIGNER, EDITORA, ETC.) E A GRÁFICA

O produtor gráfico é o profissional que faz toda a inferface entre o criador do projeto ou a agência e a gráfica. É ele quem solicita orçamento, negocia valores, encaminha arquivos para a gráfica, libera provas de cor e plotters, acompanha a saída do material na máquina de impressão e todos os processos de acabamento.

Para cada tipo de trabalho, há um processo de impressão indicado; para cada tipo de impressão, há um perfil de gráfica.

Na produção de um material, a definição do processo de impressão e do fornecedor se dá com base em diversos fatores, como:

Tiragem: trata-se do total de exemplares impressos de uma edição. Se o material previr uma baixa tiragem (30 unidades), este será um dos fatores de decisão; neste caso, a opção será trabalhar com uma gráfica de impressão digital. Mas, se a tiragem for alta (10 mil unidades), será mais adequado trabalhar com uma gráfica de impressão offset – o mercado gráfico atual trabalha com tiragens de 1 a 299 unidades em gráfica de impressão digital; acima de 300 unidades, em gráfica de impressão offset.

Budget (orçamento) e prazo: dois fatores relevantes e que auxiliam na definição do fornecedor são a verba disponível e o prazo de entrega. Tende-se a acreditar que gráficas de maior porte apresentarão orçamentos maiores, uma vez que têm mais custos fixos do que uma gráfica de pequeno porte. Ainda que exista uma lógica nesse pensamento, ele não é totalmente verdadeiro. O fator que mais impacta tanto em verba como em prazo é o perfil da gráfica e sua capacidade técnica produtiva. Uma gráfica com perfil promocional está estruturada para produzir materiais promocionais, portanto seu parque gráfico terá equipamentos que atendam a essa demanda, como dobradeiras que fazem dobras especiais, máquinas de laminação e verniz, máquinas para relevo, etc. Uma gráfica com perfil editorial está estruturada para produzir livros e revistas, e seu parque gráfico estará voltado para produzir esse tipo de material, com dobradeira e acabamentos em linhas, impressão com folhas inteiras para rodar o maior número de páginas possível dentro da folha inteira, etc. Assim, no momento de escolher o fornecedor, conhecer o perfil da gráfica, avaliando a gama de serviços que oferece, é de suma importância na atividade de produção gráfica. Por vezes, se você solicitar a uma gráfica de pequeno porte, voltada ao mercado editorial, um orçamento de um material promocional, este pode ter custo e prazo maiores do que o mesmo orçamento solicitado a uma gráfica com perfil promocional, ainda que de maior porte.

Existem vários outros pontos importantes na definição do processo de impressão e na escolha do fornecedor, e somente o produtor gráfico está apto a dar suporte para a tomada de decisões que garantam a entrega do material no prazo estipulado, de acordo com a verba disponível e dentro dos padrões de qualidade exigidos pelo cliente.

Assim, saiba: o olhar e o conhecimento do produtor gráfico são o "selo de qualidade" do material a ser impresso.

ÁREAS DE ATUAÇÃO

É inegável que o mundo se torna cada dia mais digital. Houve um momento em que muitos se perguntaram o que seria do "mundo impresso", e até mesmo se alguns meios de comunicação continuariam existindo fisicamente, como o jornal, a revista e até mesmo o livro.

Em meio à necessidade de sobrevivência, a maioria se adaptou, aderindo a novos formatos e, aos poucos, reencontrando sua vocação.

Mas a verdade é que sempre haverá lugar para o material impresso na comunicação e, por consequência, a necessidade de profissionais ligados à sua produção.

O produtor gráfico é um desses profissionais, e sua atuação pode se dar na comunicação institucional, na comunicação promocional, em eventos e no mercado editorial.

1) COMUNICAÇÃO INSTITUCIONAL

A comunicação institucional é aquela que tem como objetivo comunicar e apresentar os valores e as características da marca, reforçando sua imagem para o público interno e externo.

A construção dessa imagem abarca uma série de aspectos: posicionamento adotado pela empresa, linguagem e comportamento utilizados, produto ou serviço comercializado. Ou seja, a imagem é construída considerando a forma como a empresa quer que seus públicos a enxerguem.

Para essa construção, várias ações podem ser realizadas: comunicados internos, anúncios institucionais em mídias on e offline, adoção de causas alinhadas aos valores da empresa e muitas outras. O fato é que parte dessas ações se utiliza de material impresso: fôlder, newsletter, catálogo, revista customizada, backdrop, photo opportunity, etc.

2) COMUNICAÇÃO PROMOCIONAL

É aquela que tem por objetivo gerar uma conversão, utilizando todos os recursos necessários para mostrar ao público os benefícios de um produto ou serviço e, consequentemente, para levar o consumidor à ação desejada: à conversão de compra, à experiência com um produto ou serviço e ao fortalecimento da marca.

A comunicação promocional nos impacta diariamente, mesmo que a gente não perceba. Está naquele stopper "leve 2, pague 1" do supermercado, no take one no balcão da farmácia, no adesivo de chão na praça de alimentação do shopping, no vale-brinde dentro da embalagem do salgadinho, na ponta de gôndola da loja de chocolate. Está ao nosso redor o tempo todo, e, como você pode perceber, todos os materiais citados são impressos.

3) EVENTOS

A área de eventos é ampla e abarca tanto ações institucionais como promocionais, e seu objetivo, quase sempre, é proporcionar ao consumidor uma experiência com a marca.

Essa experiência pode ser criada a partir de um jantar para agradecer o engajamento dos funcionários, um *brunch* para anunciar novas práticas da empresa, uma convenção de vendas, uma festa para lançar um produto, um *workshop*, um *meeting*, uma ação de incentivo que premie os melhores vendedores de uma loja. Enfim, as possibilidades são enormes e, dentre todas elas, sempre haverá a necessidade do material impresso: no fundo de palco e na testeira de um show, no material personalizado para uma palestra, em um banner de boas-vindas, etc.

4) MERCADO EDITORIAL

O mercado editorial diz respeito à produção e à comercialização de publicações impressas e digitais, como livros e revistas, nas mais diferentes plataformas e canais de venda.

Ainda que os *e-books* venham ganhando espaço no mercado editorial – segundo pesquisa Nielsen (2021), representam aproximadamente 6% do mercado –, o livro físico ainda é amplamente publicado, ou seja, estamos falando também de material impresso.

CRIAÇÃO:
ONDE TUDO COMEÇA

Pare um pouco e olhe ao seu redor. Não importa onde você esteja: no trabalho, na rua, em casa, no metrô, no supermercado, no posto de gasolina... Certamente, ao fazer isso, você verá um cartaz, uma embalagem, uma placa de fachada, um folheto, uma revista, um outdoor, um backlight, um MOOH (mídia out of home, como pontos de ônibus e relógios de rua), e então perceberá os inúmeros materiais de comunicação presentes em nosso cotidiano.

E a concepção de qualquer material de comunicação começa com um projeto gráfico. Entende-se por projeto gráfico a organização de diversos elementos visuais, como o ponto, a linha, a forma, a direção, o tom, a cor, a textura, a dimensão, a escala e o movimento, com a finalidade de transmitir uma mensagem.

A seguir, conheceremos cada fase da criação de um projeto e suas peculiaridades.

ETAPAS DA CRIAÇÃO
BRIEFING

Documento com informações essenciais para a realização de um projeto, gráfico ou de qualquer outro escopo, o briefing não precisa ser necessariamente um relatório; pode ter outros formatos, como questionário, organograma ou tabela. Quanto mais informação o briefing puder trazer, melhor para o time de criação.

> Nas agências de comunicação e de publicidade, utiliza-se com frequência o termo inglês *job* para designar o que aqui chamamos de projeto, isto é, um trabalho que está sendo desenvolvido para um cliente.

Assim que um briefing chega a uma agência de comunicação, o gestor de negócios solicita uma reunião com todas as áreas que serão demandadas no projeto* para fazer a passagem das informações. Essa reunião tem por objetivo apresentar a demanda e tirar todas as possíveis dúvidas.

BRAINSTORMING

Técnica que tem por objetivo fazer com que um grupo de profissionais discuta livremente novas ideias, conceitos e soluções para um determinado projeto.

A reunião de brainstorming acontece logo após a reunião de passagem de briefing e deve envolver, dentro do possível, profissionais de diversas áreas: planejamento, criação, 3D, mídia, produção, produção gráfica, negócios...

PLANEJAMENTO

É a primeira etapa do processo criativo. Em uma agência de comunicação, existem profissionais responsáveis por planejar a ação, a campanha, o evento, a promoção, etc.

Essa etapa envolve muita pesquisa: a respeito da marca, do mercado em que está inserida, de seus concorrentes e do público, entre outras. É por meio da pesquisa que o planner percebe oportunidades, identifica problemas e observa tendências que orientam estratégias e despertam *insights* que irão orientar a criação.

CRIAÇÃO

Cada agência de comunicação tem um formato de trabalho. Algumas trabalham com duplas de criação, outras com grupo de criação, mas o fato é que para a criação de um projeto é preciso contar com dois profissionais: o diretor de arte (responsável pela parte visual) e o redator (responsável pela parte redacional).

São eles que irão transpor a ideia para o papel, isto é, tudo o que foi discutido e planejado pelo time se tornará efetivo a partir do trabalho desses profissionais.

Essa transposição de ideias se dá por meio da rafe, ou rough, que é o esboço inicial do projeto, as primeiras linhas traçadas da distribuição dos elementos, e do layout, etapa posterior à rafe e que deve ser uma apresentação o mais fiel possível do projeto, especificando fontes, imagens, cores, formas, equilíbrio e tom, de acordo com o que se pretende produzir. A aprovação do projeto se dá por meio do layout.

3D

Nem toda agência de comunicação tem profissionais de 3D em seu quadro, mas esse é um recurso importante para a materialização da ideia, uma vez que ajuda aqueles que têm maior dificuldade de abstração a visualizar o resultado. Assim, levantar um 3D de uma embalagem, de um estande, de um espaço de conferência ou de uma photo opportunity pode ser decisivo na aprovação do projeto.

Figura 1 – Embalagens 3D de iogurtes.

Figura 2 – Projeto 3D, à esquerda, e fotos do projeto executado, à direita.
Créditos: Aktuellmix/Bernardo Sodré (à esquerda) e Aktuellmix/Suplicy Produções (à direita).

Softwares

Para a execução de projetos gráficos, no mundo todo são utilizados essencialmente os mesmos softwares, disponíveis tanto para o sistema operacional Windows como para macOS. Conheça alguns deles:

> **SOFTWARE DE EDIÇÃO DE IMAGENS**

Utilizado para manipulação de imagens, corrigindo ou alterando informações, inserindo ou retirando elementos, substituindo cores e mais uma infinidade de possibilidades. Um dos programas mais conhecidos é o Photoshop.

PHOTOSHOP: software de edição de imagens, criado pela Adobe, lançado em 1990. É considerado o melhor editor de imagens e pode ser utilizado tanto na plataforma Windows como na macOS.

> **SOFTWARE DE EDIÇÃO DE IMAGENS VETORIAIS**

Destina-se a criar imagens baseadas em fórmulas matemáticas, formando pontos, linhas e polígonos, permitindo assim que o arquivo gerado possa ser ampliado ou reduzido, sem distorção. Esse tipo de software é muito utilizado para criar logotipos, vinhetas, patterns, etc. Nessa modalidade, um dos programas mais conhecidos é o Illustrator.

ILLUSTRATOR: software de desenho vetorial, criado pela Adobe e lançado em 1985. É amplamente utilizado, sendo compatível com a plataforma Windows e macOS.

> **SOFTWARE DE DIAGRAMAÇÃO E FINALIZAÇÃO**

Voltado à diagramação de elementos do layout, possibilitando a junção de textos, imagens e vetores, sem alteração da característica original de cada arquivo – ou seja, os textos continuarão sendo textos, as imagens continuarão sendo imagens e os vetores continuarão sendo vetores. Um dos exemplos mais conhecidos é o InDesign.

INDESIGN: software de editoração eletrônica, também criado pela Adobe, lançado em 1998. Compatível com plataforma Windows e macOS.

> **SOFTWARES DE ILUSTRAÇÃO 3D**

Existem vários softwares de 3D no mercado, cada um com características específicas. Na área da comunicação, os mais utilizados atualmente são:

3DS MAX: software de modelagem, animação, composição e renderização 3D, criado em 1990, desenvolvido e comercializado pela Autodesk. Atualmente é o principal programa profissional de modelagem tridimensional, muito utilizado na criação de *games*, filmes e vinhetas de TV e filmes de animação.

MAYA: software de animação, modelagem e renderização 3D, lançado em 1999, pela Alias Research, e atualmente desenvolvido e comercializado pela Autodesk. Algumas de suas características, como a capacidade fotorrealística, permitem a criação de grandes efeitos especiais, por isso é muito utilizado em grandes produções cinematográficas.

ZBRUSH: software de modelagem tridimensional, criado pela Pixologic, em 1999. Uma de suas principais características é gerar resultados próximos ao de uma escultura, por isso é muito adotado por artistas digitais e conhecido como um software de escultura digital. Utilizado para produção de filmes e *games* e também pela indústria automotiva e aeroespacial.

BLENDER: software de código aberto, gratuito. Serve para modelagem, animação, texturização, composição, renderização e edição de vídeo. Criado pela Blender Foundation e lançado em 1994. É um software multiplataforma muito utilizado para o desenvolvimento de animações e de *games*.

> **EXTENSÕES**

Cada software utilizado no processo de criação de um projeto gráfico apresenta características específicas e, exatamente por isso, seus arquivos têm extensões diferentes, que ajudam no fluxo de organização e armazenamento dos arquivos.

Essencialmente, existem dois tipos de extensão: as nativas, que só podem ser abertas nos programas em que os arquivos foram criados, e as genéricas, que podem ser abertas em outros programas. A seguir, as extensões mais utilizadas e suas aplicações:

Quadro 1 – Principais extensões de arquivos

EXTENSÃO	DEFINIÇÃO	UTILIZAÇÃO
EPS	Sigla para Encapsulated Postscript, extensão criada pela Adobe. A extensão .eps pode ser aberta por outros softwares além do programa nativo, a exemplo do InDesign.	Ilustrações vetoriais, logotipos, elementos gráficos, ícones (genérica).
TIFF	Sigla para Tagged Image File Format. Formato de arquivo utilizado em quase todos os programas de editoração e tratamento de imagem. Trabalha com imagens em bitmap. Seu sistema de compactação é o LZW, sem perda de dados, no qual nenhuma informação de imagem é descartada, por isso seus arquivos costumam ser pesados. As imagens em .tiff são suportadas por quase todos os aplicativos em artes gráficas.	Ilustrações, fotos (natural).
PSD	Formato nativo do Adobe Photoshop, com suporte a diversos espaços de cor, imagem indexada, layers, canais alfa, efeitos de layers, clipping paths, objetos vetoriais, objetos de texto e muitos outros recursos.	Vetores ou fotos (natural).
AI	Formato nativo do Adobe Illustrator.	
PDF	Sigla para Portable Document Format. Formato de arquivo criado pela Adobe que preserva imagens, fontes, gráficos e a formatação de arquivos originais, sem descaracterização. É um arquivo fechado e pode ser gerado em baixa ou em alta definição, sendo este utilizado para gerar provas de cores e materiais impressos.	Arquivos fechados (genérico).
PS	Sigla para Postscript. Formato criado pela Adobe e usado para arquivos que vão ser impressos. Só pode ser aberto por programas específicos, como o PDF Creator ou o Illustrator.	
JPG	Sigla para Joint Photographic Experts Group. Trata-se de um formato de arquivo digital que comprime imagens, muito usado no mundo todo. Mas é preciso estar atento ao fator de compressão, uma vez que, quanto mais baixo o fator, maior a perda de dados, reduzindo a qualidade da imagem. Não é um formato de arquivo recomendado para materiais impressos, mas é compatível com as mídias digitais e amplamente utilizado na internet, exatamente por gerar arquivos leves, com alta taxa de compactação.	Imagens para internet, pequeno tamanho de arquivo (genérico).
GIF	Sigla para Graphics Interchange Format. Sistema de cor utilizado na internet, lançado em 1987, pela CompuServe. Utiliza compressão de dados LZW e tem uma paleta limitada de cores – 256, no máximo.	
PNG	Sigla para Portable Network Graphics, formato geralmente utilizado em webdesign. Assim como a extensão .jpg, este é um formato de arquivo que comprime imagens, mas com menos perda de qualidade. Pode ser aberto em softwares como o Photoshop ou o Paint.	
DOC	Extensão gerada a partir do programa Word, criado pela Microsoft. Os documentos em Word podem conter texto, gráficos, tabelas, etc.	Arquivos de texto (natural).
RTF	Sigla para Rich Text Format. Formato criado pela Microsoft. Os arquivos com essa extensão podem ser abertos pelo programa Word.	

ADEQUAÇÃO DO PROJETO GRÁFICO AO MEIO E SUPORTES DE IMPRESSÃO

Na criação do projeto gráfico, é muito importante ter em vista todos os fatores que influenciam o resultado final. Nesse sentido, é preciso saber o local em que a peça gráfica será exposta, por quanto tempo e que texturas e cores são desejadas, para que, dessa forma, seja possível definir as melhores alternativas para viabilizar o projeto, desde o formato escolhido até o método de impressão mais adequado. Nos tópicos seguintes, veremos alguns aspectos que devem ser considerados na concepção de projetos gráficos.

VEICULAÇÃO

Outdoor

Materiais criados para serem expostos em áreas externas estão sujeitos a intempéries – chuva, sol e vento.

São exemplos de veiculação outdoor o ponto de ônibus, o relógio de rua, o backlight, o frontlight, a empena, o outdoor, o busdoor e até as lixeiras e os bancos de praça. No QR code a seguir, veja algumas soluções criativas encontradas para materiais voltados ao ambiente externo:

https://comunicadores.info/2015/11/09/exemplos-outdoors-criativos-outdoor/

ATENÇÃO: quando se trata de mídia externa, é essencial conhecer a legislação vigente em cada cidade, para saber se o projeto a ser criado será executável ou não.

Indoor

Como o nome já sugere, a comunicação indoor terá aplicação interna, em espaço protegido, o que lhe confere uma gama maior de suportes e processos de impressão. Ainda assim, é preciso considerar alguns pontos, como:

- o local de aplicação, uma vez que um adesivo de chão, por exemplo, sofrerá um impacto muito maior do que um adesivo de parede;

- um possível resultado indesejado da junção dos adesivos que irão compor um superpainel, por exemplo. Saber o tamanho da boca da máquina que fará a impressão dos adesivos pode ajudar a evitar problemas.

Como exemplos de materiais indoor, podemos citar: totens, monitores digitais, sanca e painel de trem, superpainéis, painéis de escada, adesivos de parede e de chão. Veja nos QR codes a seguir algumas propostas criadas para materiais em ambiente interno:

https://pubbrasil.com.br/
out-of-home/midia-em-
aeroporto-por-que-esta-
estrategia-merece-atencao/

tudointeressante.com.br/
2018/02/16-extraordinarias-
propagandas-feitas-em-
escadas-rolantes.html

TEMPO DE EXPOSIÇÃO DA COMUNICAÇÃO E VIDA ÚTIL DO MATERIAL GRÁFICO

Em geral, as mídias off são negociadas com períodos predeterminados de veiculação. Esse fator orienta a tabela de comercialização, embasa o plano de mídia e ajuda a direcionar não só os suportes e os processos de impressão, como também os acabamentos.

- Um outdoor que ficará exposto por quatro quinzenas passará por variações do tempo, como a ação do sol, que poderá desbotar as cores impressas. Isso costuma acontecer mais rápido quando o suporte é o papel; assim, optar pelo uso de uma lona pode ser o mais indicado.

- Uma revista com veiculação semanal ou mesmo quinzenal possibilita o uso de acabamentos que não seriam adequados a uma revista semestral, como a aplicação de tinta com aroma. Após um período, esse recurso perde sua eficácia e o aroma deixa de existir, anulando dessa forma a intenção do anúncio.

Portanto, ter à mão informações referentes ao tempo de exposição do material possibilita conceber projetos criativos mais viáveis.

Outro ponto importante a ser considerado é a vida útil de cada material: um livro de arte pode durar anos, um catálogo de produtos tem como prazo de validade o lançamento de uma nova linha, um flyer de lançamento de uma incorporação imobiliária dura alguns dias. Para materiais que terão menor durabilidade, podemos optar por um papel menos nobre, com acabamentos mais simples e, dependendo do caso, até por uma aplicação de cores (monocromia, em vez de quadricromia) diferente da de um material concebido para durar e ser apreciado por muito tempo, como um livro de fotografia.

Todas essas escolhas têm relação direta com o custo. Para não errar, vale bater um papo com o produtor gráfico antes de se sentar em frente ao computador, evitando que um simples folhetinho se transforme em um elefante branco.

PROCESSOS DE IMPRESSÃO

O domínio técnico em processos de impressão ajuda a fazer melhores escolhas na criação de projetos. Por exemplo:

- A sobreposição de cores na serigrafia nem sempre traz um bom resultado. Assim, se o objetivo é criar uma camiseta em quadricromia, o melhor caminho a seguir é a sublimação. Por outro lado, a impressão pelo processo de sublimação não suporta muitas lavagens, então, se a intenção é ter uma camiseta com maior durabilidade, vale repensar o projeto gráfico, para que a impressão serigráfica seja uma opção.

◆ A impressão digital é feita a partir de tonner, o que acaba por conferir uma saturação maior das cores. Se a fidelidade de cores entre o material impresso e o original for imprescindível, esse com certeza não será o processo mais adequado.

Todos esses aspectos relacionados ao meio e suporte de impressão devem ser considerados na elaboração de um projeto gráfico, tendo em vista a sua execução e viabilidade. A seguir, veremos outros elementos que impactam no resultado final, como a escolha das cores, da família tipográfica e das imagens, o formato do arquivo e a impressão.

COR

Cor e luz são conceitos indissociáveis; sem luz não existe cor.

O fenômeno da cor somente pode ser observado por nossos olhos pela existência da luz, natural ou artificial, vinda das mais diversas fontes.

Quando falamos de cor, é interessante observar que existem dois extremos: o branco, que é a ausência total de cor, e o preto, que é a ausência total de luz – onde não há luz, não há reflexão de cor. Por convenção, acabamos por chamar o preto e o branco de cores, mas na verdade eles são características da luz.

É fato que a cor causa uma reação emotiva no ser humano, e por esse motivo a propaganda faz uso desse recurso, buscando assim influenciar o consumidor.

Por isso, vamos entender mais sobre a cor e suas aplicações.

COMO ENXERGAMOS A COR

A luz é uma radiação que possui comprimentos de ondas eletromagnéticas diferentes. Essas ondas podem ser utilizadas para diversas finalidades, de acordo com o seu comprimento e a sua frequência.

Essas frequências, que são emitidas por moléculas, átomos e corpos incandescentes, são captadas pelo olho humano e por muitos instrumentos ópticos (máquinas fotográficas, celulares, etc.). Nossos olhos captam essas ondas por meio de bastonetes e cones existentes em nossa retina.

Quando a luz branca ilumina um objeto, ele reflete ou absorve a luz (ondas eletromagnéticas). Se o objeto refletir todas as ondas que estão incidindo sobre ele, elas vão estimular os bastonetes e cones da nossa retina, e então enxergaremos o branco. Se somente parte dessas ondas chegarem aos nossos olhos, então enxergaremos a cor.

E o preto, quando enxergamos o preto? Quando a luz branca ilumina um objeto e este absorve todas as ondas, não refletindo nenhuma, então enxergamos o preto.

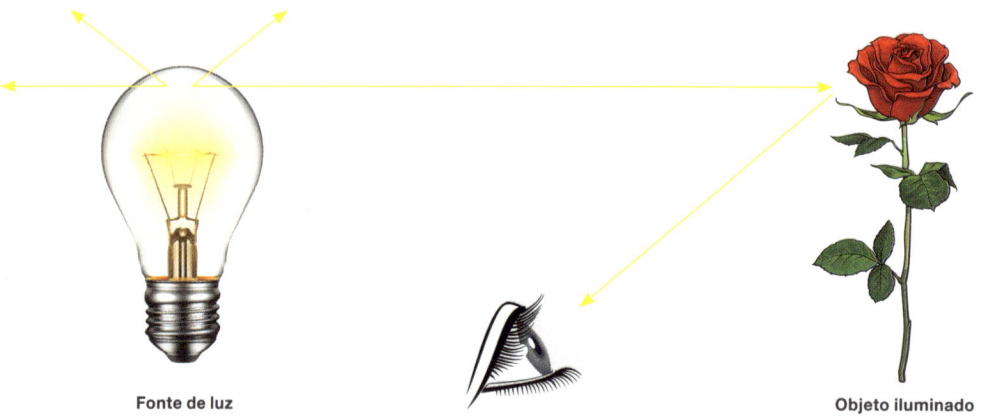

Fonte de luz   **Objeto iluminado**

Figura 3 – Como enxergamos os objetos.

PROCESSOS DE FORMAÇÃO DE COR

A formação das cores ocorre por dois processos: o **aditivo** e o **subtrativo** (ou síntese aditiva e subtrativa).

O **processo aditivo** se dá quando o comprimento das ondas de vermelho, verde e azul se mistura, somando-se. Esse processo resulta no que chamamos de cor-luz e utiliza o sistema **RGB** (Red, Green e Blue), sigla que indica as cores primárias desse processo. Podemos observar a aplicação desse sistema em telas de LED, em monitores de computador ou em telas de celular, por exemplo.

A partir da combinação das cores RGB, que são frações do espectro visível, surge uma terceira cor. Essas cores são conhecidas como cores-luz.

Quadro 2 – Resumo da síntese aditiva

LUZES PRIMÁRIAS: CORES SIMPLES
Luz vermelha + Luz verde = Luz amarela
Luz verde + Luz azul = Luz ciano
Luz azul + Luz vermelha = Luz magenta
Luz vermelha + Luz verde + Luz azul = Luz branca, acromática

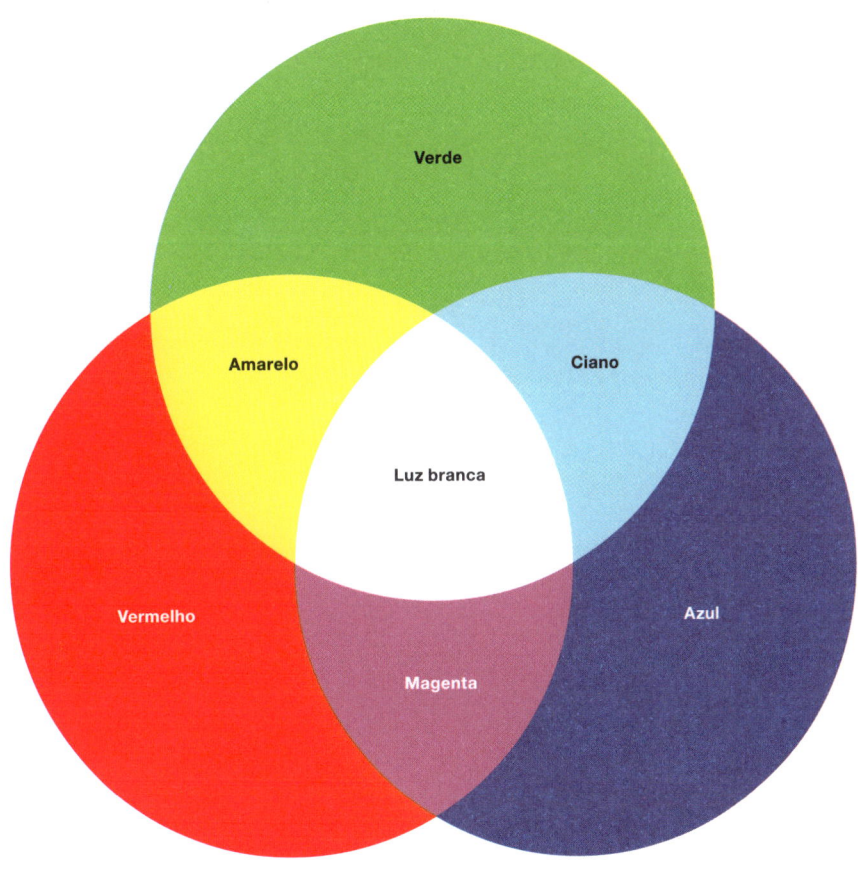

Figura 4 – Síntese aditiva (RGB).

Assim as cores primárias das cores-luz são azul, vermelho e verde (ou red, green e blue – RGB).

Já o **processo subtrativo** é baseado na reflexão da luz; trata-se de uma subtração (absorção) da luz, originando as cores que enxergamos. Como já mencionamos, a luz branca ilumina um objeto, e este a absorve; a parte da luz que não é absorvida é refletida para nossos olhos, e assim enxergamos uma cor. Um exemplo da aplicação desse processo é a impressão comercial.

No processo subtrativo, a cor é determinada pelos pigmentos, por isso essas cores são conhecidas como cores-pigmento.

A partir desse processo surgiu o sistema **CMYK** (Cyan, Magenta, Yellow e Black), utilizado em gráficas. As cores CMY são capazes de cobrir quase todo o espectro visível, e a mistura delas, em diferentes proporções, reproduz grande parte da gama de cores que conhecemos.

Porém, na reprodução das cores CMY, todas as tintas juntas resultam em um marrom bem escuro. Dessa forma, para conseguir um trabalho com melhor resultado nas reproduções, foi adicionada a cor preta, daí a sigla CMYK.

Quadro 3 – Resumo da síntese subtrativa

CORES-BASE
Amarelo + Magenta = Vermelho
Amarelo + Ciano = Verde
Magenta + Ciano = Azul
Amarelo + Magenta + Ciano = Preto

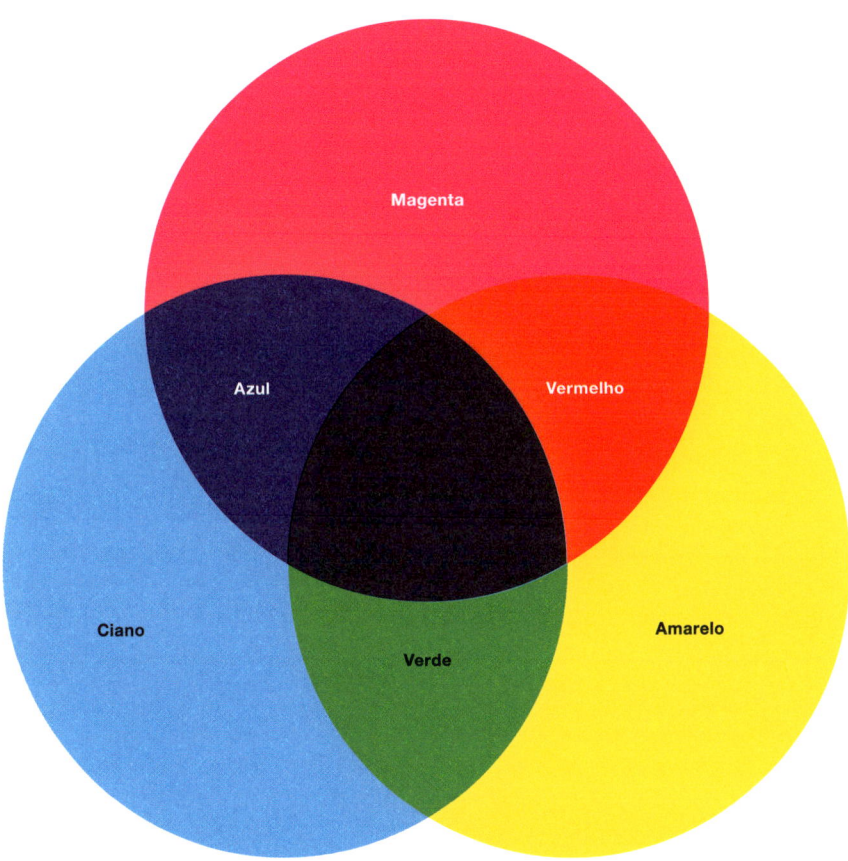

Figura 5 – Síntese subtrativa (CMYK).

De onde vem o nome CMYK?

Em 1960 foi realizado um concurso na Drupa, feira de artes gráficas da Alemanha, em que todos os países podiam enviar sugestões de nomes para as cores da escala CMYK, em sua língua nativa. Também deveriam explicar a origem etnográfica do nome e o motivo da escolha. A partir das sugestões, foram eleitos os seguintes nomes:

NOME DA COR (SIGLA)	PAÍS DE ORIGEM	SIGNIFICADO
Cyan (C)	Grécia	Kyanós (ciano, em português) é o termo que designa o azul-esverdeado da costa dos mares da Grécia, palavra muito citada na *Odisseia*, de Homero.
Magenta (M)	Itália	Magenta é o nome da cor que faz alusão à mistura do sangue humano com a neve, sob o reflexo do sol. Teve origem em um poema de autoria desconhecida que terminava com o verso: "... e todos os campos ficaram cobertos de magenta", referindo-se à Batalha de Magenta, em 4 de junho de 1859, durante a Segunda Guerra da Independência Italiana, em que morreram cerca de 6 mil soldados.
Yellow (Y)	Inglaterra	Termo em inglês que significa amarelo. É uma cor presente na natureza e é a que se mistura com a maior quantidade de outras cores. É de fácil pronúncia e, pela adesão ao inglês, a partir de 1960 a nomenclatura inglesa para essa cor passou a ser a mais utilizada no mundo.
Black (K)	Inglaterra/EUA	O black também reflete a influência da cultura americana e inglesa na década de 1960. Trata-se de uma homenagem ao movimento negro americano, tendo à frente o seu líder Martin Luther King Jr.

Fonte: Janke e Del-Vechio (2008).

ESCALAS DE CORES

Existem dois sistemas de cores utilizados pela indústria gráfica, a escala de cor CMYK – cores processadas, em que temos variações de cores a partir de combinações de bendays (retículas) – e a escala de cor Pantone ou escala de cores especiais (cores puras misturadas fisicamente, e não visualmente). Esses dois sistemas se utilizam de pigmento, portanto resultam em cores-pigmento.

Escala de cor CMYK

A composição de cores dessa escala, também conhecida como cores de escala, se dá a partir de uma infinidade de combinações de retículas, que são especificadas por porcentagens (0 a 100%). A cor vermelha, por exemplo, é formada pela combinação de:

C – 0%
M – 100%
Y – 100%
K – 0%

É importante observar que existe uma diferença de resultados e meios. Quando estamos trabalhando em um computador, vemos as cores pelo sistema RGB (cor-luz); quando partimos para a impressão, são utilizadas as cores do sistema CMYK (cor-pigmento).

Note também que podemos obter diferenças quando trabalhamos com suportes diferentes; de acordo com o tipo de suporte de impressão, teremos um resultado de impressão distinto. Isso acontece em virtude da ancoragem da tinta em cada suporte.

Figura 6 – Tabela de cores CMYK.

Escala de cor Pantone

A Pantone é uma fabricante de tabelas de cores reconhecida internacionalmente. O padrão de cores Pantone é adotado por todos os fabricantes de tintas, e seu catálogo tem 1.114 cores especiais.

Ao escolhermos uma cor Pantone, indicamos um número de referência que deve ser seguido pela gráfica. As cores Pantone são amplamente utilizadas nos meios gráficos e dão ao impresso sempre um diferencial, um destaque.

As tabelas de cores dos sistemas Pantone e CMYK normalmente são impressas em pelo menos dois tipos de papéis: o couché brilhante e o offset, e isso não é por acaso.

Como veremos mais adiante, existem diversos tipos de suporte (superfícies) de impressão. Entre eles está o papel, mas nem todo papel é igual – existem aqueles mais ou menos porosos.

O comportamento da tinta em cada uma dessas superfícies é diferente. Os papéis mais porosos absorvem mais tinta do que os papéis menos porosos. O resultado é que em papéis porosos as cores ficam um pouquinho mais "lavadas" e, nos menos porosos, um pouquinho mais "vivas", mesmo que a tinta utilizada em ambos seja igual.

Por esse motivo, as tabelas contemplam dois tipos de papéis diferentes, o couché, que é um papel coated, com um revestimento que altera seu aspecto, e o offset, que é um papel uncoated, isto é, sem esse revestimento.

Nas tabelas de cores, esses papéis são representados por letras: C, indicando coated, e U, para uncoated – Pantone 284 C e Pantone 284 U, por exemplo. O objetivo ao usar dois papéis diferentes é demonstrar como será o resultado da aplicação da tinta em cada um deles.

Há ainda uma terceira tabela de cor, chamada process color, que tem por objetivo apresentar as porcentagens de cores CMYK que formam uma cor Pantone.

Figura 7 – Escala de cores Pantone.

Padrão hexachrome

Com o objetivo de produzir uma gama de cores maior do que a já produzida pela escala CMYK, a Pantone criou em 1994 um processo de separação de cores que permite a produção de cores mais vivas e vibrantes. Para isso, adicionou ao processo CMYK mais duas cores, o verde (green) e o laranja (orange). Assim, nesse processo temos as quatro cores de escala CMYK + verde + laranja, ou seja, serão seis chapas de impressão.

Este tipo de padrão é destinado, por exemplo, a catálogos de moda e livros com imagens de natureza, ou seja, materiais que por projeto ou por característica da imagem original requeiram um olhar especial para as cores.

Caso se opte por esse processo, no momento do fechamento do arquivo é preciso utilizar um software chamado Hexware, que converterá automaticamente o padrão RGB para o padrão hexachrome.

TIPOLOGIA | TIPOGRAFIA

Tipologia ou tipografia? Na verdade, os dois termos existem, com diferentes significados.

Tipografia vem do grego *typos* (marca, impressão, forma, original), de *typhen* (bater, dar pancada) mais *graphé* (escrita). Assim, tipografia é um processo de impressão (pouco usado atualmente) – a impressão de tipos e o termo "tipo" se referem à fonte ou à letra.

Já tipologia é o estudo dos tipos. Vem das palavras gregas *typos* e *typhen* mais *logos* (estudo).

Na área da comunicação, é comum escutar as palavras "tipo" ou "fonte". A fonte é um dos elementos que compõem o projeto gráfico, que lhe conferem personalidade, e sua escolha precisa estar alinhada ao objetivo de comunicação do material a ser criado.

A palavra "fonte" vem do latim *fundere*, que significa fundir, que remete à técnica usada para fazer tipos de metal.

Atualmente, há muitas fontes disponíveis no mercado e muitas outras são criadas a cada dia. Essas fontes podem ser compradas ou baixadas da internet gratuitamente.

Mas, antes de entrarmos nesse assunto, vamos entender a diferença entre tipo e fonte.

TIPO

Conjunto de caracteres alfabéticos, numerais e de pontuação que possuem as mesmas características. Cada tipo é formado por dois elementos principais: hastes e serifas. Fazem parte de sua composição outros elementos, como ápice, trave e base.

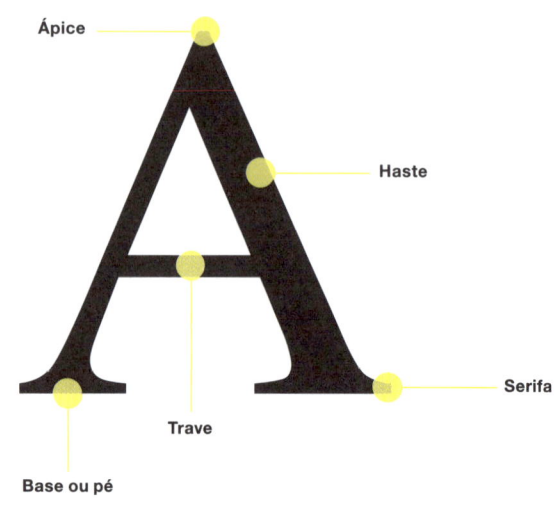

Figura 8 – Elementos que caracterizam um tipo.

FONTE

Abrange todas as variações do tipo, como peso – grossura ou espessura –, estilo e inclinação (regular, itálico, bold, condensado, small caps, etc.), como podemos notar a seguir, com o texto na fonte Arial:

O que importa – Arial Regular

O que importa – Arial Light

O que importa – Arial Bold

O que importa – Arial Itálica

O que importa – Arial Condensada

Estilos de fonte

Assim como seu estilo revela muito sobre você, a escolha da fonte diz muito sobre um projeto.

Fontes serifadas, por sua estrutura, remetem a um tom de seriedade e costumam ser utilizadas em materiais com muito texto, como nos conteúdos editoriais, pois facilitam a leitura.

Fontes sem serifa transmitem um tom de modernidade, são mais dinâmicas e muito usadas em materiais de comunicação, com uma quantidade de texto menor.

Fontes cursivas, que têm aspecto de texto escrito à mão, não se aplicam a textos longos, pois dificultam o fluxo de leitura, mas, por seu estilo, podem trazer elegância ao projeto se utilizadas em um título, por exemplo.

Fontes decorativas precisam ser usadas com parcimônia, mas na dose certa podem destacar informações importantes do projeto.

Já deu para perceber que, quando se trata de projeto, não existe uma fonte ou família coringa, mas suas características de construção ajudam na escolha, que deve ser feita sempre de acordo com o projeto, ou seja, o projeto tem como objetivo a legibilidade ou leiturabilidade do texto? Legibilidade tem a ver com visual, isto é, você identifica as letras, diferencia uma da outra, mas nem sempre a leitura do texto é uma ação fácil – neste tipo de projeto você privilegiará o "visual". Leiturabilidade tem a ver com leitura da mensagem – neste caso a leitura do texto deve ser fácil, fluida; assim, neste projeto você privilegiará a fluência da leitura.

Como veremos a seguir, existem alguns tipos de fontes, e sua aplicação impacta diretamente no projeto que está sendo criado.

Com serifa

Humanistas: fontes que remetem à caligrafia manuscrita. Sua utilização data do século XV e XVI. Exemplo: Garamond.

Garamond
ABCDEFGHIJKLMNOPQRSTUVWXYZ
abcdefghijklmnopqrstuvwxyz
1234567890

Transicionais: nestas fontes o desenho da serifa é mais fino e plano, e seu traço na vertical possui uma ligeira inclinação. Exemplo: Caslon.

Caslon
ABCDEFGHIJKLMNOPQRSTUVWXYZ
abcdefghijklmnopqrstuvwxyz
1234567890

Modernas: a transição de traço grosso e fino na construção destas fontes é bem contrastante; sua serifa é reta, com eixo vertical. Exemplo: Bodoni.

Bodoni
ABCDEFGHIJKLMNOPQRSTUVWXYZ
abcdefghijklmnopqrstuvwxyz
1234567890

Mecânicas: inicialmente elaboradas para serem usadas em propagandas – século XIX. Possuem construção com traço e serifa retangulares. Exemplo: Clarendon.

Clarendon
ABCDEFGHIJKLMNOPQRSTUVWXYZ
abcdefghijklmnopqrstuvwxyz
1234567890

Sem serifa

Corbel
ABCDEFGHIJKLMNOPQRSTUVWXYZ
abcdefghijklmnopqrstuvwxyz
1234567890

Grotescas: também criadas no século XIX, trata-se de uma variação da fonte mecânica, mas com uma alteração na sua construção. Não possuem serifa. Exemplo: Corbel.

Franklin Gothic
ABCDEFGHIJKLMNOPQRSTUVWXYZ
abcdefghijklmnopqrstuvwxyz
1234567890

Gothic: estas fontes são uma variação da grotesca, mas com uma alteração na espessura de seus traços. Sua origem também se deu no século XIX. Exemplo: Franklin Gothic.

Frutiger
ABCDEFGHIJKLMNOPQRSTUVWXYZ
abcdefghijklmnopqrstuvwxyz
1234567890

Humanistas: carregam em sua construção traços caligráficos e com leve variação. Foram inspiradas na estrutura das letras serifadas. Exemplo: Frutiger.

Futura
ABCDEFGHIJKLMNOPQRSTUVWXYZ
abcdefghijklmnopqrstuvwxyz
1234567890

Geométricas: como o próprio nome diz, utilizam em sua estrutura formas geométricas básicas. Exemplo: Futura.

Helvetica
ABCDEFGHIJKLMNOPQRSTUVWXYZ
abcdefghijklmnopqrstuvwxyz
1234567890

Neogrotescas: são uma variação das grotescas. Exemplo: Helvetica.

Outros estilos

Cursivas: fontes que lembram a caligrafia manual, parecem ter sido escritas à mão. Exemplo: Palace.

Góticas: criadas com o intuito de reproduzir manuscritos antigos, trazem em sua construção características da escrita dos monges copistas da Idade Média. Exemplo: Old English.

Fantasia: são fontes divertidas, que não possuem características ou padrões únicos que as definam, como as demais fontes vistas. Nelas, toda a família preserva pontos que as distinguem e sua legibilidade nem sempre é boa. Exemplo: Jokerman.

Históricas: são inspiradas na escrita greco-romana. Exemplo: Lithos.

Fontes PostScript, TrueType e OpenType

POSTSCRIPT TYPE 1 → Foi a primeira fonte desenvolvida pela Adobe, em 1984, com o objetivo de ser compatível com softwares de editoração e impressoras que usavam o formato PS (postscript), programação desenvolvida pela Adobe para passar instruções de impressão. Destinada a impressoras e prensas profissionais, sua linguagem é codificada tanto por imagesetters (que geram fotolito) como por platesetters (que geram chapas). A Type 1 possui 256 caracteres e dois arquivos: um utilizado para impressão (PFB) e outro utilizado para tela (PFM), ou seja, o desenvolvimento da fonte de tela é diferente do desenvolvimento da fonte de impressão. Não é multiplataforma – há uma fonte compatível para o sistema macOS e outra para o sistema Windows. A extensão de fontes PostScript é .ps.

TRUETYPE → Com o objetivo de criar um formato de fonte que pudesse ser utilizado tanto na plataforma Windows como no macOS, e que também pudesse ser lido como padrão pela maioria das impressoras, a Microsoft e a Apple se juntaram nos anos 1980 e desenvolveram a TrueType. Assim como a Type 1, a TrueType possui 256 caracteres. O pacote de uma fonte TrueType oferece tanto dados de tela como de impressão. A extensão de fontes TrueType é .ttf.

OPENTYPE → Em meados de 1995, a Microsoft iniciou o projeto de um novo formato de fonte, e mais tarde a Adobe se juntou à empreitada. A fonte OpenType é multiplataforma – pode ser instalada tanto no macOS como no Windows, é compatível com a linguagem PS e também oferece pacote com dados de tela e de impressão. Contudo, a OpenType, em virtude dos recursos oferecidos, acabou por superar a sua antecessora, a TrueType. Um desses recursos é a possibilidade de armazenamento de até 6.500 caracteres, ou seja, além de oferecer os caracteres necessários para cobrir o alfabeto, os números, a pontuação e os sinais, a OpenType possibilitou a adição de caracteres extras, como glifos, small caps, oldstyle, ligaduras, etc. A extensão de fontes OpenType é .otf.

Agora que sabemos as características de cada família tipográfica, é preciso entender sua unidade de medida, o corpo da fonte.

Corpo

Faz referência ao tamanho da fonte, que é medido do seu ponto mais alto (versal ou ascendente) até seu ponto mais baixo (descendente).

Versal: é a parte das letras que se estende acima da altura de x, como nas letras b, d, f, k, h, l.

Todo dia era dia de índio

Descendente: é a parte das letras que se estende abaixo da altura de x, como nas letras g, j, p, q, y.

O que importa é o agora

Entre os sistemas de medidas tipográficas mais utilizados estão o Fournier, o Didot e o anglo-americano. No Brasil, o mais usual é o anglo-americano.

- O sistema Fournier divide a medida francesa de 1 pé em 144 partes iguais, que são chamadas de pontos. Nele, 1 ponto equivale a 0,34875 mm.
- O sistema Didot é uma adaptação do Fournier, em que 1 ponto corresponde a 0,3759 mm.
- O sistema anglo-americano tem como base o sistema Fournier e é adaptado pela Adobe para exatamente 1/72 de polegada, sendo 1 ponto igual a 0,351 mm.

Importante observar que, de acordo com as características de cada fonte, há uma variação de tamanho entre elas, ainda que seja aplicado o mesmo corpo:

Lorem Ipsum is simply dummy text of the printing and typesetting industry. Lorem Ipsum has been the industry's standard dummy text ever since the 1500s, when an unknown printer took a galley of type and scrambled

Garamond 14

Lorem Ipsum is simply dummy text of the printing and typesetting industry. Lorem Ipsum has been the industry's standard dummy text ever since the 1500s, when an unknown printer took a galley of type and scrambled

Bodoni MT Condensed 14

Outro termo comum entre os profissionais da comunicação é a **caixa da fonte**: caixa-alta, caixa-baixa e versalete (small caps). O profissional de criação, além de escolher a fonte que será usada em seu projeto, deverá definir também como serão usadas as caixas de texto e título. A seguir, alguns exemplos de cada uma das aplicações:

Caixa-alta é quando utilizamos o caractere em letra maiúscula:

MAIÚSCULA

Caixa-baixa é quando utilizamos o caractere em letra minúscula:

minúscula

Versalete é quando temos um conjunto de caracteres em letras maiúsculas, mas com altura de letra minúscula:

VERSALETE

Em relação aos estilos de texto, tipos em negrito ou em corpos maiores tendem a atrair mais a atenção e por isso, em geral, são lidos primeiro. Já o uso do itálico pode ser muito funcional para indicar palavras estrangeiras, títulos e nomes próprios. O uso do light costuma estar relacionado a mensagens leves e suaves.

Entrelinha, tracking, kerning e alinhamento

Quando o assunto é tipologia, há muitas minúcias, porque toda decisão irá interferir no projeto gráfico. Não basta apenas definir a fonte, o corpo e a caixa, é preciso observar também a entrelinha, a entrepalavra e o alinhamento. Esses são detalhes que podem ou não facilitar a leitura.

Entrelinha

É o espaço entre as linhas do texto.

Lorem Ipsum is simply dummy text of the printing and typesetting industry. Lorem Ipsum has been the industry's standard dummy text ever since the 1500s, when an unknown printer took a galley of type and scrambled

Lorem Ipsum is simply dummy text of the printing and typesetting industry. Lorem Ipsum has been the industry's standard dummy text ever since the

Entrelinha simples

Entrelinha 1,5

Você pode ajustar a entrelinha de acordo com o projeto que estiver criando, mas é importante ficar atento ao efeito que esse ajuste trará: uma entrelinha muito aberta criará um efeito de linhas descoladas, e não de um bloco de texto. Já uma entrelinha mais justa cria um efeito de bloco sólido de texto. Ambos os ajustes tendem a dificultar a leitura.

Tracking e kerning

Tracking é o espaço entre as letras de um bloco e kerning é o espaço entre pares definidos de letras, com o objetivo de criar uma compensação visual.

Lorem ipsum text
Lorem ipsum text
Tracking

L orem
Lorem
Kerning

O distanciamento entreletras padrão ou determinado pelos estilos de fonte costuma ser o mais indicado. Letras muito separadas (expandidas) ou muito próximas tendem também a dificultar a leitura.

Alinhamento

É a posição do bloco de texto em relação aos demais elementos do layout.

Lorem Ipsum is simply dummy text of the printing and typesetting industry. Lorem Ipsum has been the industry's standard dummy text ever since the 1500s, when an unknown printer took a galley of type and scrambled it to make a type specimen book. It has survived not only five centuries, but also the leap into electronic typesetting, remaining

Alinhamento justificado

Lorem Ipsum is simply dummy text of the printing and typesetting industry. Lorem Ipsum has been the industry's standard dummy text ever since the 1500s, when an unknown printer took a galley of type and scrambled it to make a type specimen book. It has survived not only five centuries, but also the leap into electronic typesetting, remaining

Alinhamento à esquerda

Lorem Ipsum is simply dummy text of the printing and typesetting industry. Lorem Ipsum has been the industry's standard dummy text ever since the 1500s, when an unknown printer took a galley of type and scrambled it to make a type specimen book. It has survived not only five centuries, but also the leap into electronic typesetting, remaining

Alinhamento à direita

Lorem Ipsum is simply dummy text of the printing and typesetting industry. Lorem Ipsum has been the industry's standard dummy text ever since the 1500s, when an unknown printer took a galley of type and scrambled it to make a type specimen book. It has survived not only five centuries, but also the leap into electronic typesetting, remaining

Alinhamento centralizado

Assim como outros elementos, o alinhamento é um ponto importante a ser considerado nos projetos gráficos, digitais ou impressos.

Na internet, o usuário lê as primeiras linhas inteiras e a partir daí passa a ler somente o início das demais. Assim, o melhor alinhamento para web é o alinhamento à esquerda.

Em impressos como fôlderes e materiais publicitários, o alinhamento à esquerda facilita a leitura, uma vez que ajuda a identificar o início e o final de cada linha. Já em publicações impressas, como revistas e livros, o alinhamento justificado é muito utilizado, diferentemente do alinhamento centralizado, que nem sempre é indicado para textos longos, mas funciona bem para títulos ou pequenos blocos de texto.

IMAGENS: DO NEGATIVO AO DIGITAL

A imagem por si só tem uma força poderosa. Há alguns anos foi veiculada uma campanha de refrigerante que dizia: "imagem não é nada, sede é tudo", brincando com o ditado que diz: "imagem é tudo".

Quando pensamos no que guardamos na memória com facilidade, não podemos esquecer que as palavras também têm um importante papel, mas é fato que as palavras, para serem incorporadas ao vocabulário mundial, dependem de diversos fatores, como modo de vida, país e idioma local.

A imagem, ao contrário, é mais direta, emocional e reproduz com riqueza de detalhes um fato, um produto, a realidade; as palavras nem sempre conseguem cumprir essa tarefa.

Imagens eternizam o momento. Veja algumas das imagens mais emblemáticas do século passado nos QR codes a seguir.

https://www.hypeness.com.br/2016/09/a-enfermeira-da-iconica-foto-do-beijo-na-segunda-guerra-deixou-sua-marca-no-mundo/

https://aventurasnahistoria.uol.com.br/noticias/reportagem/o-rebelde-desconhecido-pistas-sobre-identidade-do-jovem-que-desafiou-o-exercito-chines.phtml

Mas não estamos aqui para discutir quem é mais importante, a palavra ou a imagem, e sim para dizer que a imagem pode influenciar o consumo de produtos e serviços, pelo impacto que provoca. É em razão disso que a propaganda se tornou uma forma tão poderosa de comunicação, muito embora já existisse desde meados de 1704.

Para analisar o papel da imagem na comunicação, vamos estudar a importância da fotografia e da ilustração nesse processo.

FOTOGRAFIA

Fotografar, segundo a origem grega do termo, significa "escrever com a luz" (do grego *phótos* = luz e *gráphos* = escrita).

Este é, sem dúvida, o grande segredo da fotografia: a luz! Outros fatores, como o equilíbrio, o tema e a composição também são importantes, mas não tanto como a luz, já que sem ela não haveria imagem.

As pessoas ficavam eufóricas ao ver as primeiras imagens captadas, as primeiras fotografias, e chegavam a pensar que se tratava de bruxaria. Ainda hoje, alguns povos indígenas não se deixam fotografar, pois acreditam que a câmera lhes roubará a alma.

Trezentos e cinquenta anos antes do nascimento de Cristo já haviam sido feitas experiências para a reprodução de imagens, por químicos e alquimistas. Os princípios ópticos da fotografia, descobertos por Aristóteles, também datam de antes de Cristo. No século X, a câmara escura foi utilizada pelo físico e matemático Alhazen para a observação de eclipses solares e, no século XVI, Leonardo da Vinci descreveu os princípios da câmara escura e fez uso dela na criação de seus quadros. Mas, oficialmente, *Magiae naturalis sive de miraculis rerum naturalium*, de Giambattista della Porta, foi o primeiro livro publicado em que foram mencionadas as características da câmara escura, em 1558. Assim, como se pode perceber, não é possível atribuir a descoberta da fotografia a uma só pessoa.

Figura 9 – Câmara escura.

No princípio, fotografar não era nada fácil: para captar uma imagem, eram necessárias horas; hoje, uma imagem pode ser captada em um milionésimo de segundo.

A fotografia faz parte do nosso dia a dia, está nas revistas e livros, nos materiais promocionais, nas redes sociais. Ela registra momentos importantes da nossa vida e da nossa história, perpetuando aquilo que não queremos esquecer.

Na publicidade, a principal função da fotografia é fazer com que o consumidor deseje um produto ou serviço, e alguns pontos importantes contribuem para que ela desempenhe esse papel:

- **Sensibilidade e observação** – somente com a observação é possível conseguir o melhor ângulo, a melhor expressão, a melhor luz e, com isso, um diferencial.

- **Composição** – quando falamos de composição, falamos da forma de dispor os elementos que farão parte de uma fotografia, e isso é muito subjetivo, varia conforme o ponto de vista de cada fotógrafo. Independentemente disso, a composição tem de levar em consideração o tema ou o objeto principal, que precisa estar em destaque, ser o ponto de atração. A imagem deve apresentar um segundo plano, não pode ter detalhes que desviem a atenção do ponto principal, o enquadramento tem de permitir que os olhos fiquem na área de maior interesse e o peso dos elementos precisa ter uma boa proporção e equilíbrio.

- **Dramaticidade e perspectiva –** a fotografia é bidimensional e, para que a imagem não fique "chapada", torna-se necessário o uso da perspectiva. Ela nada mais é do que uma ilusão criada pelo ângulo e pela distância da qual as imagens são observadas.

- **Luz e forma –** é fundamental saber que, apesar de a luz ser importantíssima para a fotografia, luz demais é ruim, pois pode fazer o objeto fotografado ficar com partes disformes e até invisíveis. O contrário também é verdadeiro, ou seja, pouca luz também é ruim, pois sem luz não é possível observar partes do objeto fotografado. Como fotografar é escrever com a luz, o importante de fato é criar com sabedoria um equilíbrio entre o claro e o escuro; é isso que permitirá a visualização das texturas, das formas, dos detalhes.

CROMOS, NEGATIVOS E IMAGENS DIGITAIS

Ainda que a imagem digital seja amplamente utilizada nos dias de hoje, conhecer outras possibilidades de original existentes, mesmo que pouco adotadas, é importante.

Cromos

Chamamos de cromos todos os originais que possuem transparência em cor (é o filme em positivo), e possivelmente você o conhece pelo nome de "slide".

Filmes de pequeno formato (35 mm) geram negativos de 24 mm × 36 mm de 12, 24 e 36 poses para cópias coloridas e P&B de 24 e 36 poses para slides. São adequados para algumas câmeras compactas e SLRs.

Filmes de médio formato (120 mm) geram negativos de 45 mm × 60 mm, 60 mm × 60 mm, 60 mm × 70 mm, 60 mm × 90 mm ou 60 mm × 120 mm. Servem para câmeras de médio formato e câmeras de objetiva dupla.

Filmes de grande formato (4 pol × 5 pol, 8 pol × 10 pol, 11 pol × 29 pol) são aqueles em chapa única, utilizados em câmeras de estúdio.

Negativos

Chamamos de negativos todos os originais que possuem transparência com as cores invertidas (o que corresponde ao filme em negativo). É o filme que utilizávamos em fotos caseiras ou P&B.

Opacos

Todos os originais que não possuem transparência são chamados opacos; são fotos em papel (ampliações) e ilustrações.

Imagens digitais

Com o advento da fotografia digital, o mundo passou por um período de grandes mudanças e adaptações. Atualmente, existem vários tipos de máquinas à disposição dos fotógrafos, sem contar as câmeras dos celulares, que a cada dia oferecem mais recursos e qualidade de imagem.

As câmeras digitais são diferentes das câmeras analógicas, que trabalham com um sistema que chamamos de analógico (captura no filme fotossensível a imagem). A câmera digital captura a imagem por meio de um sistema composto por um conjunto de *chips* computadorizados sensíveis à luz. Esses *chips* transformam a luz e a imagem em uma corrente elétrica que é transportada a um conversor digital, que transforma toda a imagem em uma imagem digital (pixels).

Esses dados são armazenados em uma mídia que varia de acordo com o fabricante da câmera digital. Em geral, são cartões que vêm com a câmera e também podem ser armazenados em um HD.

A ILUSTRAÇÃO

Desde a pré-história o homem utiliza o desenho para se comunicar. As pinturas feitas nas cavernas serviam para contar hábitos, desejos, acontecimentos importantes, e até hoje o desenho é uma forma poderosa de comunicação.

Figura 10 – Pintura rupestre.

Antes da fotografia, a realidade era retratada por meio de pinturas, e mesmo depois do surgimento da fotografia a ilustração continuou sendo importante. Houve um tempo em que os ilustradores faziam parte da equipe de uma agência de comunicação. Com a chegada dos computadores, esses profissionais passaram a exercer um papel diferente, mas ainda importante, pois existem momentos em que é melhor utilizar a ilustração.

Existem diferentes tipos de ilustração, como veremos a seguir.

Ilustração técnica

Esta modalidade tem como objetivo retratar as coisas como de fato são, e não incorpora a visão pessoal do desenhista. Esse tipo de desenho é muito usado para peças históricas, espécies de animais e vegetais, arquitetura, medicina, máquinas, equipamentos e gráficos.

Figura 11 – Exemplo de ilustração técnica.

Ilustração editorial

É aquela que busca sintetizar uma ideia, dialogando com o que está escrito no texto. Em geral, são utilizadas em livros, revistas e jornais.

Figura 12 – Exemplo de ilustração editorial.

Caricaturas

Muito usadas para retratar personalidades, têm como característica básica a deformação e o exagero dos traços.

Figura 13 – Exemplo de caricatura.

História em quadrinhos

Neste tipo de ilustração, a história é contada quadro a quadro, o que nos dá a impressão de estarmos assistindo a um filme. É necessário ter um grande conhecimento sobre expressão, luz, movimento, sombra e perspectiva. Esse tipo de ilustração serve também para criar storyboards de um filme de cinema, publicitário ou de animação.

Figura 14 – Exemplo de história em quadrinhos.

Ilustração hiper-realista

É aquela que se assemelha a uma fotografia de alta resolução, sendo preciso olhar mais atentamente para descobrir que se trata de uma ilustração. A ilustração hiper-realista é muito utilizada em embalagens de produtos alimentícios, como balas e chocolates, já que deixa o produto mais bonito, mais apetitoso que uma foto do produto.

Figura 15 – Exemplo de ilustração hiper-realista de galhos e folhas.

Ilustração de estilo

Nesta modalidade, o desenhista utiliza materiais diversos, criando assim uma nova linguagem. Esses materiais podem ser tecidos, botões, papel, pétalas, alumínio, linhas, bordados, etc. Utilizam-se as técnicas de colagem, montagem, recortes, entre outras. Com certeza, é o tipo de ilustração que tem o futuro mais garantido no meio publicitário.

Figura 16 – Exemplo de ilustração de estilo.

Ilustração científica

A ilustração científica é uma técnica especializada que serve para naturalistas, médicos, biólogos e outros cientistas comunicarem suas pesquisas e descobertas por meio de desenhos detalhados, representando animais, vegetais e o corpo humano, além de modelos experimentais ou estruturas biológicas, como membranas biológicas, a superfície de um vírus qualquer, etc. Exige grande rigor técnico.

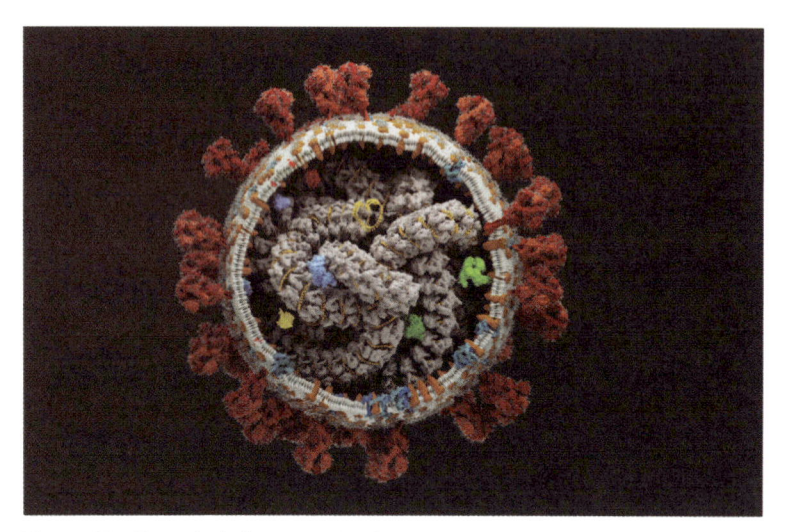

Figura 17 – Exemplo de ilustração científica.

Ilustração infantil

É o desenho que mais "fala" com o universo infantil. Em razão das características de traço e de cor, é muito utilizada em revistas em quadrinhos, álbuns e livros didáticos, paradidáticos e literatura.

Figura 18 – Exemplo de ilustração infantil.

RETÍCULA: A REPRODUÇÃO DA IMAGEM

Para compreender o processo de reprodução de imagens, é preciso entender suas características.

PIXEL

Na fotografia digital, as imagens são capturadas por meio de um sensor sensível à luz, o CCD ou CMOS. A reprodução da imagem ocorre pelo agrupamento de pixels em linhas ou colunas.

O pixel é a menor unidade de uma imagem digital e um elemento básico formador desta. A qualidade da imagem está diretamente ligada à quantidade de pixels: quanto mais pixels, mais qualidade.

TOM CONTÍNUO

A imagem de originais, como cromo e slide, não é formada por retículas, como a imagem impressa, mas apresenta tom contínuo, com gradação de cores. Isso ocorre porque, na fotografia analógica, a reprodução da imagem se dá por meio de um agente sensibilizante, o nitrato de prata. A superfície do filme é coberta de grãos muito pequenos de nitrato de prata, que, ao serem expostos à luz, capturam a imagem no filme.

RETÍCULAS OU PONTOS

As reproduções dos mais diversos tipos de materiais, em diferentes formas de impressão, somente são possíveis com o uso de retículas ou bendays. Essa técnica, desenvolvida por volta de 1878, por Benjamin Day, abrange uma gama de tons intermediários que possibilitam a transformação de imagens de tons contínuos e pixels em retículas. Esse processo compreende uma série de pequenos pontos que, juntos, formam a imagem.

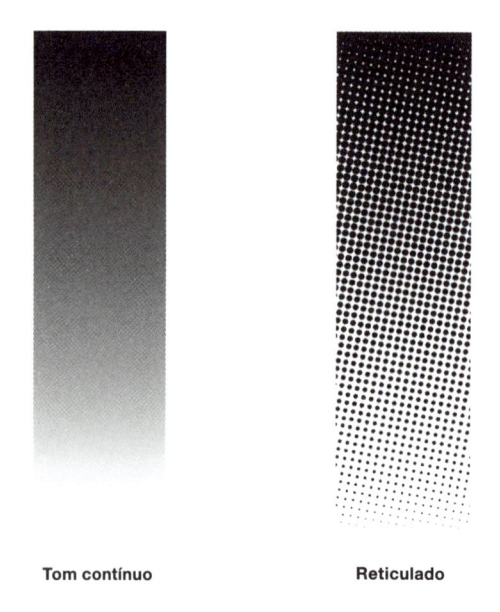

Figura 19 – Representação do tom contínuo (esquerda) e do reticulado (direita).

A retícula é uma malha de pontos equidistantes, de tamanho e forma variável, com a mesma carga de tinta. As variações dos pontos de retículas ocorrem de 1% em 1%, sua variação vai de 1% a 99%, e a partir dessa porcentagem teremos o que chamamos de chapado (100%). Seguindo esse princípio, quanto mais aumentamos a porcentagem de retículas, mais escura vai ficando a cor.

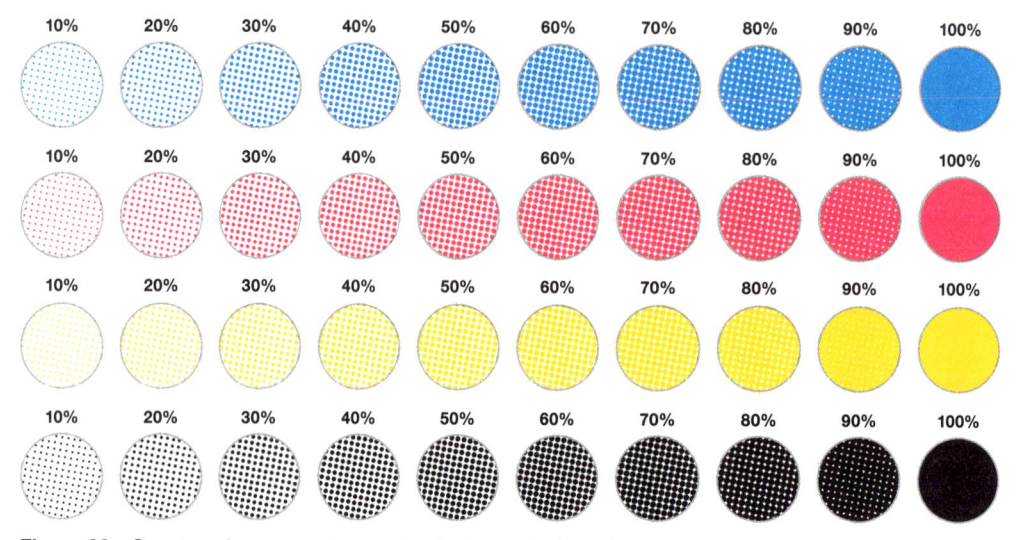

Figura 20 – Quanto maior a porcentagem de retículas, mais chapada a cor.

Podemos encontrar alguns tipos de retículas: ponto quadrado, elíptico e redondo.

Ponto redondo **Ponto quadrado** **Ponto elíptico**

Figura 21 – Tipos de retículas.

A retícula mais utilizada é a de ponto redondo, principalmente nos impressos, e ela pode ser encontrada basicamente em todos os meios de impressão: offset, flexografia, rotogravura, serigrafia, etc.

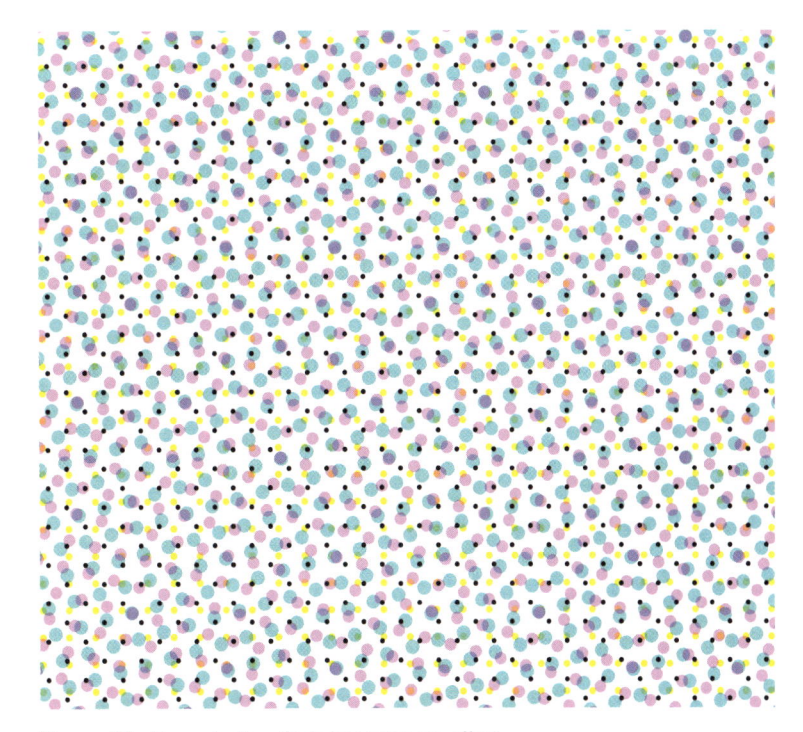

Figura 22 – Exemplo de retícula impressa em offset.

Retícula estocástica

Há ainda outro tipo de retícula, a estocástica, que trabalha de modo bem diferente das demais porque reproduz o impresso em mícrons (milésimos de milímetros). É também conhecida como retícula de frequência modulada, uma vez que seus pontos se organizam por módulos, e não geometricamente.

Com a retícula estocástica podemos obter uma impressão de alta qualidade, mas ela tem alguns inconvenientes – o principal é o seu custo. Por ser uma retícula diferente, a gráfica deve ter muito cuidado na gravação de chapas e na impressão.

A retícula e sua inclinação

Temos na impressão gráfica a 4 cores (quadricromia) uma ilusão de óptica, que possibilita a visualização da imagem e a composição de cores, ou seja, a partir da combinação das cores CMYK, em diferentes percentuais, ocorre a formação de uma imagem.

Figura 23 – Retículas CMYK separadas e combinadas, e exemplo de inclinação de retícula.

Para que esse efeito ocorra, não podemos ter as cores com a mesma inclinação, porque senão teríamos uma cor sobre a outra. Por isso, os softwares de gravação de chapas – processo CTP (computer to plate) – trabalham com uma inclinação de retículas diferente para cada cor, o que possibilita a formação da imagem, criada a partir da composição de cores.

A inclinação de cada cor se divide da seguinte forma: ciano 15° / magenta 75° / amarelo 0° / preto 45°.

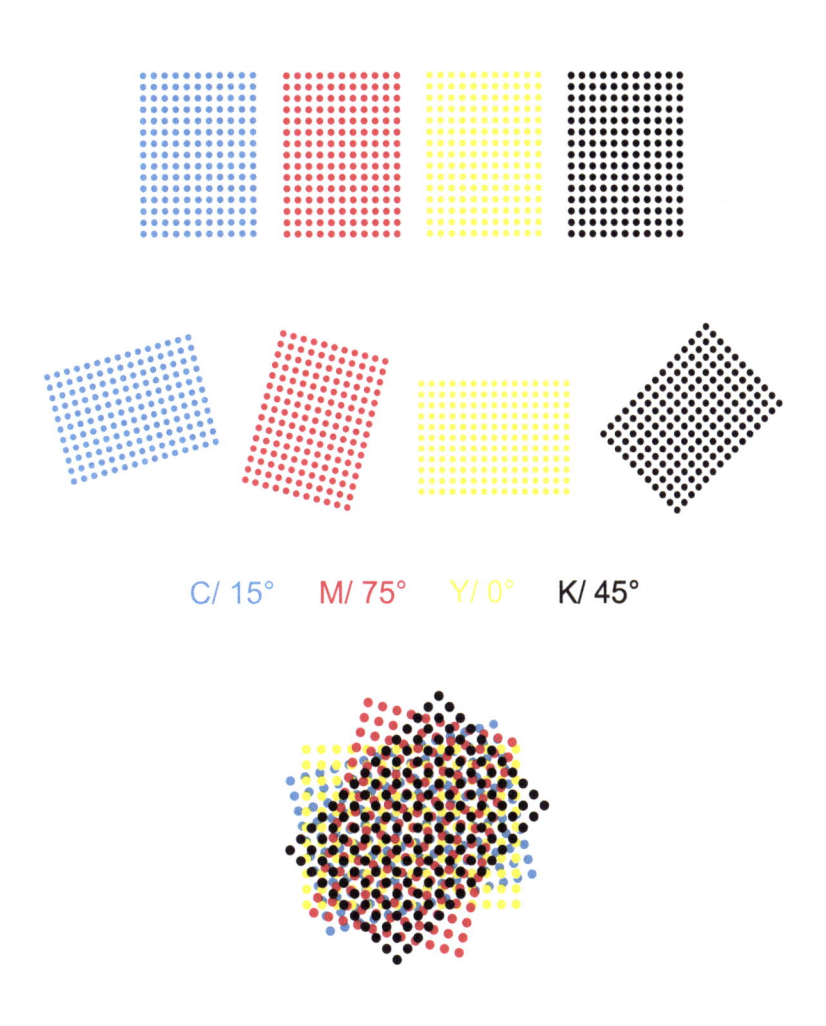

C/ 15°   M/ 75°   Y/ 0°   **K/ 45°**

Figura 24 – Inclinação da retícula.

APROVEITAMENTO DE PAPEL E ORÇAMENTO GRÁFICO

Todas as características de um projeto gráfico impactam diretamente em seu custo.

Materiais impressos em quadricromia são mais caros do que os impressos em monocromia. Materiais com acabamentos elaborados, como relevo, hot stamping e tinta com aroma, são mais caros do que materiais sem esses acabamentos. Lombada quadrada é mais cara do que lombada canoa. Ou seja, as características do projeto determinarão seu custo.

Um fator muito importante e que em geral não é levado em consideração pelo profissional da criação diz respeito ao tamanho definido para o projeto, que tem relação direta com o aproveitamento do papel no momento da produção, como veremos a seguir.

TAMANHO E FORMATO DE PAPEL

Em primeiro lugar, vamos entender a diferença entre tamanho e formato de papel.

Tamanho

Diz respeito às medidas do material criado, ou seja, às dimensões que o projeto apresenta, de largura e altura. Aqui, vale a dica: a forma padrão de determinar os tamanhos é largura × altura, mas, se ficar em dúvida, basta abrir um novo documento no InDesign ou no Illustrator e visualizar a ordem certa das medidas na janela de formatação do documento: largura primeiro e altura depois.

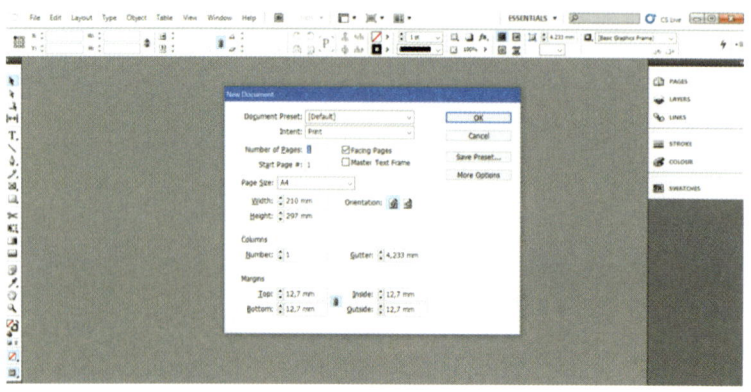

Figura 25 – Tela para criação de um novo documento no InDesign.

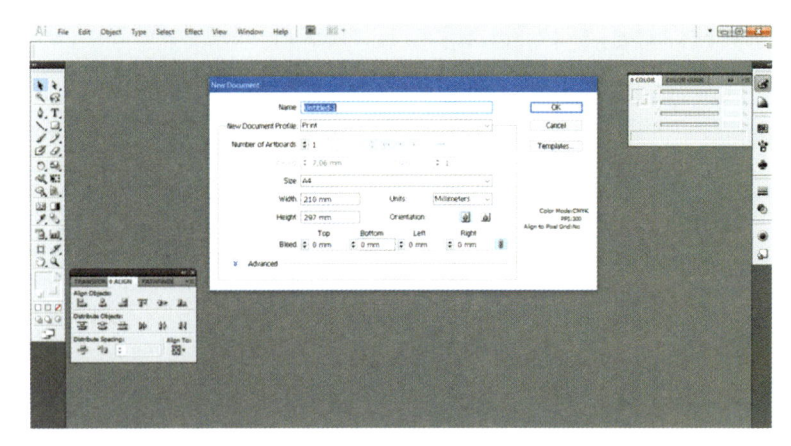

Figura 26 – Tela para criação de um novo documento no Illustrator.

Formato

Diz respeito ao formato do papel conforme sua fabricação e tem relação direta com a boca da máquina de impressão.

Os papéis, independentemente de suas características, são fabricados obedecendo a padrões utilizados em todo o mundo, como os formatos DIN e formatos gráficos. Conhecer suas medidas é fundamental para a criação de materiais que possibilitem melhor aproveitamento de papel e acarretem menos desperdício, fato que impactará diretamente no custo.

Formato DIN

Criado na Alemanha e baseado no sistema métrico, o formato DIN apresenta três séries distintas: A, B e C, e pauta a fabricação e comercialização de papel no mundo. É muito utilizado para processos de impressão digitais.

A padronização desse formato se dá a partir de uma folha de 841 mm × 1189 mm, e suas dimensões são calculadas sempre pela metade do formato anterior: assim o formato A2 é metade do formato A1, o A4 é metade do formato A3, e assim sucessivamente.

Veja como funciona esse padrão:

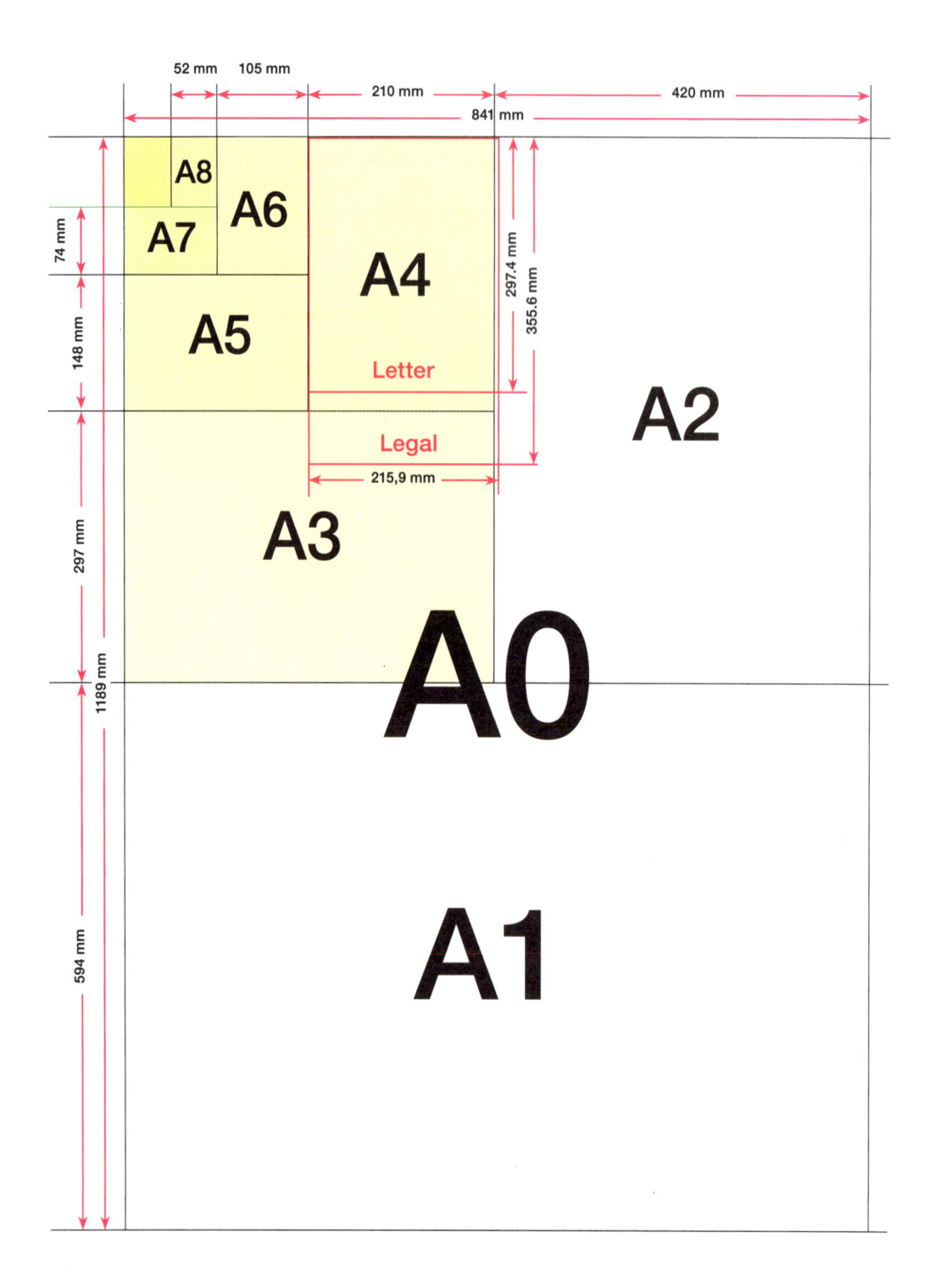

Figura 27 – Representação dos tamanhos de papel do formato DIN, série A.

Tabela 1 – Tamanhos de papel, no formato DIN (mm)

SÉRIE A	SÉRIE B	SÉRIE C
A0 841 × 1189	**B0** 1000 × 1414	**C0** 917 × 1297
A1 594 × 841	**B1** 707 × 1000	**C1** 648 × 917
A2 420 × 594	**B2** 500 × 707	**C2** 458 × 648
A3 297 × 420	**B3** 353 × 500	**C3** 324 × 458
A4 210 × 297	**B4** 250 × 353	**C4** 229 × 324
A5 148 × 210	**B5** 176 × 250	**C5** 162 × 229
A6 105 × 148	**B6** 125 × 176	**C6** 114 × 162
A7 74 × 105	**B7** 88 × 125	**C7** 81 × 114
A8 52 × 74	**B8** 62 × 88	**C8** 57 × 81
A9 37 × 52	**B9** 44 × 62	**C9** 40 × 57
A10 26 × 37	**B10** 31 × 44	**C10** 28 × 40
A11 18 × 26	**B11** 22 × 31	**C11** 20 × 28
A12 13 × 18	**B12** 15 × 22	**C12** 14 × 20

Formato gráfico

Ainda que o formato DIN seja um padrão utilizado em todo o mundo, não é o formato adotado na indústria gráfica.

Nesta indústria, o padrão para produção e comercialização de papel é estabelecido a partir de suas máquinas de impressão.

A denominação de formato gráfico está relacionada à quantidade de peças ou páginas passíveis de serem encaixadas em uma folha padrão. Isso é o que chamamos de aproveitamento de papel, ou seja, quanto mais adequado for o tamanho do material criado ao formato do papel de impressão, menos desperdício haverá.

Em gráficas offset, em geral se utilizam folhas inteiras que são fabricadas em formatos diversos, como 50 cm × 66 cm, 55 cm × 73 cm, 64 cm × 66 cm, 66 cm × 96 cm, 72 cm × 112 cm, 77 cm × 113 cm, 87 cm × 114 cm e 89 cm × 117 cm. Um dos mais utilizados é o formato 66 cm × 96 cm.

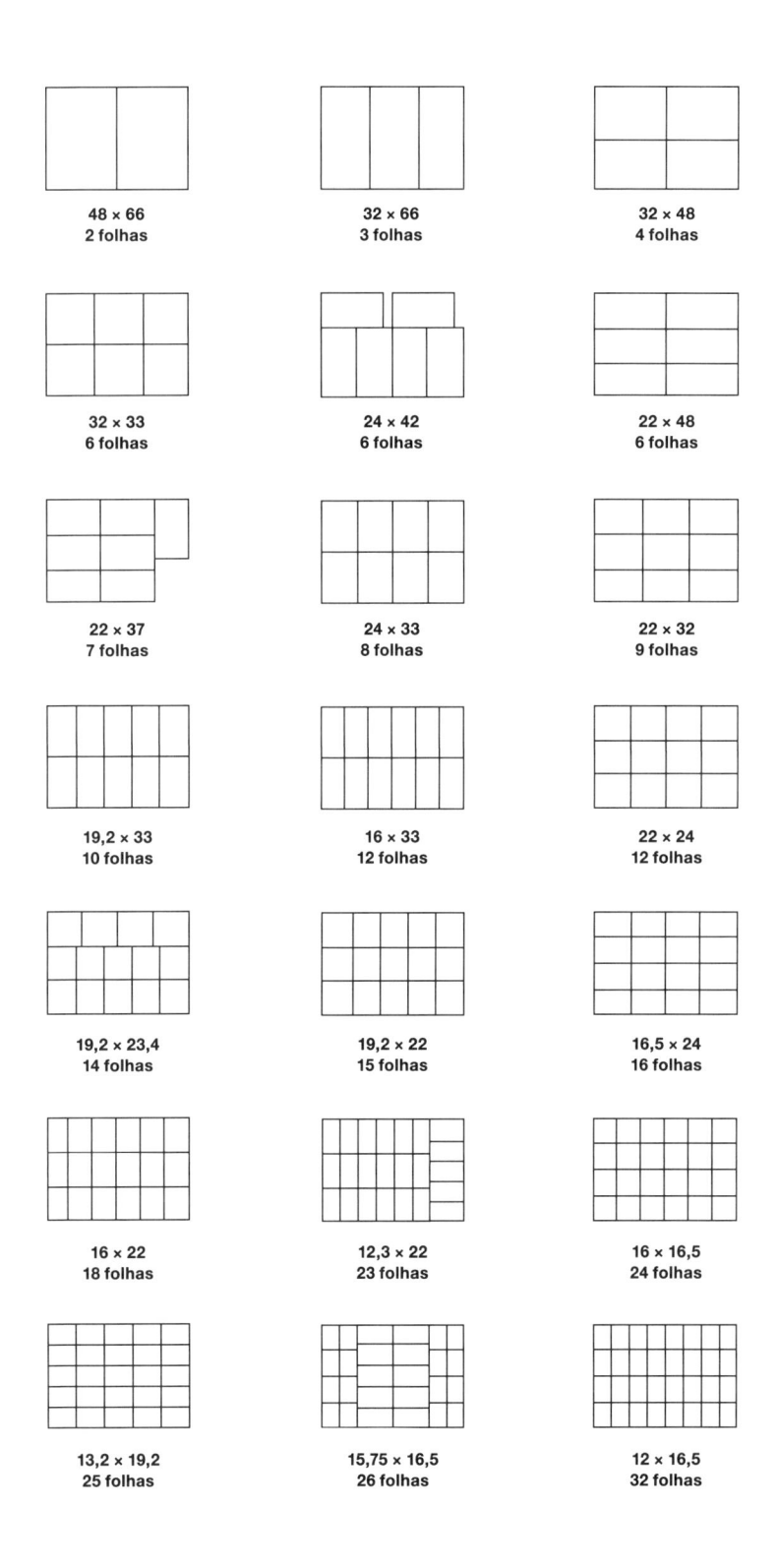

48 × 66 2 folhas	32 × 66 3 folhas	32 × 48 4 folhas
32 × 33 6 folhas	24 × 42 6 folhas	22 × 48 6 folhas
22 × 37 7 folhas	24 × 33 8 folhas	22 × 32 9 folhas
19,2 × 33 10 folhas	16 × 33 12 folhas	22 × 24 12 folhas
19,2 × 23,4 14 folhas	19,2 × 22 15 folhas	16,5 × 24 16 folhas
16 × 22 18 folhas	12,3 × 22 23 folhas	16 × 16,5 24 folhas
13,2 × 19,2 25 folhas	15,75 × 16,5 26 folhas	12 × 16,5 32 folhas

Figura 28 – Aproveitamento do papel no formato 66 cm × 96 cm.

BRIEFING PARA A PRODUÇÃO GRÁFICA

O pedido de orçamento a ser enviado para a gráfica deve conter todas as informações referentes ao material criado, chamadas de especificações técnicas:

PEÇA → Material que será orçado: folheto, totem, display, revista.

TIRAGEM → Quantidade a ser produzida. É possível solicitar o custo de mais de uma tiragem: opção 1 – 1.000 unidades; opção 2 – 3.000 unidades.

COR → É preciso especificar quantas cores serão utilizadas em cada lado do material:

- 1 × 0 cores – o material terá impressão de 1 cor em uma face e nenhuma cor na outra.
- 4 × 4 cores – o material terá impressão 4 cores em ambas as faces.
- 4 × 6 cores – o material terá impressão 4 cores em uma face e 6 cores em outra (4 cores CMYK + 2 cores Pantone).

TAMANHO → Defina sempre o formato final do material. Um folheto sem dobra tem apenas o formato aberto, um folheto com 1 dobra paralela tem formato aberto e formato fechado – neste caso, é preciso especificar ambos.

PÁGINAS → Especifique a quantidade de páginas que o material terá, quando se tratar de material que tenha essa característica.

PAPEL → Informe o nome do papel e a gramatura que deseja usar.

ACABAMENTO → Todo material impresso tem acabamento, mesmo que seja apenas um refile. É preciso sempre informar todos os acabamentos previstos.

Exemplos de briefing

> **PEDIDO 1**

Cartaz

Tiragem: 3.000 unidades

Tamanho: 29,7 cm × 42 cm

Cor: 4 × 0 cores

Papel: couché brilho 180 g/m²

Acabamento: refile e quatro pedaços de fita dupla-face

> **PEDIDO 2**

Livro

Tiragem: 1.500 e 3.000 unidades

Tamanho: formato fechado: miolo – 21 cm × 28 cm | capa – 21 cm × 28 cm
formato aberto: miolo – 42 cm × 28 cm | capa – 62 cm × 28 cm (orelhas de 10 cm)

Cor: miolo – 4 × 0 cores | capa – 4 × 1 cor

Papel: miolo – couché fosco 150 g/m² | capa – DuoDesign 250 g/m²

Páginas: 128 páginas

Acabamento: dobra, refile, intercalação, lombada quadrada, cola, costura, laminação fosca na capa, aplicação de relevo seco na capa no formato de 7 cm × 7 cm.

PRÉ-IMPRESSÃO:
PREPARAÇÃO DE ARQUIVOS

ETAPAS PRÉ-IMPRESSÃO

Material gráfico criado, e agora? O que fazer?

Antes de ser produzido, todo material a ser impresso deverá passar por algumas etapas. Todas elas são importantes – por isso, não pule nenhuma:

APROVAÇÃO DO CLIENTE

Todo material, sem exceção, deve ser aprovado pelo cliente. Sem aprovação, nunca, mas nunca mesmo, siga com a produção do material em gráfica. A aprovação tem de ser formal, assinada em papel, enviada por e-mail... não importa, tem de haver um documento que comprove a aprovação do cliente.

Isso pode evitar transtornos, caso aconteça algum problema após a produção do material.

DIREITO DE USO DE IMAGEM

Você precisa ter direito de uso sobre todas as imagens utilizadas no projeto. Direito autoral é um assunto muito sério e deve ser respeitado, para não virar um processo custoso mais à frente.

TRATAMENTO DE IMAGENS: RESOLUÇÃO E LINEATURA

No tratamento de imagens, devemos nos atentar à resolução e à lineatura destas, de acordo com o suporte e o processo de impressão.

RESOLUÇÃO

A resolução de uma imagem está relacionada ao número de pixels ou à quantidade de DPI (dots per inch – pontos por polegada) que possui.

A imagem a ser aplicada na arte-final deve levar em conta o tipo de mídia utilizado – a resolução mínima de uma imagem para que se possa assegurar uma boa qualidade de impressão depende da mídia a que se destina a imagem. Quanto maior for a quantidade de DPI, maior será o tamanho do arquivo, e maior será a qualidade do trabalho final.

Quadro 1 – Resoluções de imagens e suas principais indicações

RESOLUÇÃO	INDICAÇÕES
150 dpi	Ainda que permita a visualização de textos, compromete a qualidade de imagens. É a resolução utilizada por jornais ou materiais gráficos de uso pessoal.
300 dpi	Esta é a resolução indicada para impressões digitais profissionais. Para a impressão de imagens com muitos detalhes, convém adotar uma resolução maior.
600 dpi	Recomendada para a impressão de desenhos mais complexos ou fotografias.
1.200 dpi	Gera imagens em alta qualidade, sendo utilizada para a impressão de fotografias com maior complexidade de cores e com muitos detalhes.
Acima de 1.200 dpi	Reproduz imagens em altíssima qualidade, com excelente cor e nitidez.

Fonte: BGD Gráfica Digital (2019).

LINEATURA

A lineatura é o processo que estabelece as distâncias e os tamanhos dos pontos, determina a qualidade da imagem e varia de acordo com o tipo de papel (suporte) ou o tipo de impressão.

A nomenclatura utilizada é lpi (lines per inch, ou linhas por polegada), ou então lpc (linhas por centímetro).

- 1 lpc é igual a 2,54 lpi.

Em impressões offset, podemos utilizar 175 lpi, se o papel a ser utilizado apresentar pouca porosidade, como o couché. Isso quer dizer que a cada polegada da chapa gravada (ou fotolito) estão dispostos 175 pontos (retícula).

Caso o papel escolhido seja mais poroso, como o papel-jornal, a lineatura deve ser menor, em torno de 100 lpi. Nesse caso, a cada polegada da chapa gravada (ou fotolito) estão dispostos 100 pontos (retícula).

Se imprimirmos em papel-jornal (que é poroso) com uma lineatura maior, isto é, com mais pontos por linha, os pontos vão se expandir (pois em papéis porosos a tinta tende a penetrar mais) e um ponto vai encostar no outro, comprometendo assim a impressão.

FECHAMENTO DE ARQUIVOS

Agora que sabemos o que são originais, retículas, lineatura (lpi/lpc) e resolução (dpi), vamos entender como se faz um fechamento de arquivo para enviar à gráfica e por que cada detalhe é importante.

TEXTO

O primeiro passo é solicitar a revisão do texto inserido na peça em questão, e isso é muito importante, porque não existe nada mais desagradável do que receber um material impresso com erro de português – revisão ortográfica é fundamental!

Com o texto revisado, podemos realizar as correções necessárias no arquivo eletrônico. Ainda assim, mesmo passando por algumas revisões, corremos o risco de deixar passar algum detalhe.

Não se esqueça de verificar também os textos de legenda, os créditos, o olho, os títulos, os subtítulos, etc. Às vezes ficamos tão entretidos com a correção da massa de texto que nos esquecemos de revisar esses elementos.

E, nos softwares de editoração eletrônica, fique atento às caixas de textos, que precisam exibir todo o conteúdo inserido nelas, para que o texto não saia cortado.

IMAGEM

Como já vimos, para toda imagem utilizada em material impresso, a recomendação é que tenha resolução de 300 dpi – é claro que, se isso não for possível, você deve consultar o prepress da gráfica em que o material será impresso e verificar qual a resolução mínima aceita. Existem gráficas que aceitam imagens com até 256 dpi.

A imagem deve ter alta resolução no formato previsto na arte, ou seja, se o layout prevê uma imagem no formato de 15 cm × 20 cm, a imagem a ser utilizada deve ter a resolução de 300 dpi neste formato. Ampliar a imagem aleatoriamente significa perda de qualidade, mas caso seja realmente necessário fazer uma ampliação, ela não deverá ser maior do que 20%.

Outra característica a ser observada é que a imagem deve ser convertida para CMYK. Geralmente o tratamento das imagens é feito no Photoshop, onde as cores são divididas em canais de cor, em que cada canal representa uma cor, no sistema RGB. Como as máquinas utilizadas em gráfica convencional não entendem esse sistema, pois utilizam canais de cores em CMYK, gerando uma chapa para cada canal, é preciso converter as cores para o CMYK.

Sempre que possível, prefira que as imagens a serem utilizadas em material impresso tenham a extensão TIFF (Tagged Image File Format). Caso isso não seja possível, você poderá usar também a extensão JPG (ou JPEG – Joint Pictures Expert Group) ou outra extensão aceita pela gráfica, com compressão não menor do que 5 ou 6. Formatos como GIF não têm qualidade adequada para esse fim.

Somente após a checagem (e realização das correções, se forem necessárias) é que a imagem poderá ser aplicada (linkada) no arquivo final.

FONTES (TIPOGRAFIA)

O próximo passo é conferir se as fontes utilizadas no layout têm boa procedência. Fontes feitas por leigos, por mais "bonitinhas" que pareçam, podem apresentar defeitos e ser corrompidas no fechamento de arquivo. Por isso, trabalhe sempre com fontes confiáveis.

LOGOTIPOS

O uso de logotipos feitos em programas vetoriais é muito importante, porque esses programas criam imagens baseadas em fórmulas matemáticas, formando pontos, linhas e polígonos, permitindo, assim, que o logo criado possa ser ampliado ou reduzido, sem que sofra distorções. Só utilize logotipos em imagem se não houver outra alternativa e após se certificar de que isso não comprometerá a qualidade do material final.

Se possível, dê sempre preferência aos logos criados no Adobe Illustrator, uma vez que este é um software que cria imagens em vetor. Esse programa gera arquivos com extensão .ai ou .eps. Há quem use ainda o CorelDraw, antigo software que também cria imagens em vetor, pouco utilizado atualmente.

MARCAS DE CORTE, SANGRIA E MARGEM DE SEGURANÇA

Para o envio à gráfica, todo material deve ter marcas de corte, sangria e margem de segurança. Essas informações não servem apenas para "facilitar a vida" da gráfica; são na verdade imprescindíveis, uma vez que determinam características do trabalho.

Marca de corte

A marca de corte é o que delimita o formato da peça. Por exemplo, se você cria um flyer no formato de 15 cm × 15 cm com uma cor chapada de fundo (que deve ser maior do que o formato da peça – sangria), a gráfica não saberá onde refilar o material se não existirem as marcas de corte. Assim, ela refilará o material onde achar que deve, mas esse "achar" pode não ser o que você tinha imaginado, e então seu trabalho apresentará problemas, dos quais você não poderá reclamar, porque o erro estava no seu arquivo.

Nunca tente criar marcas de corte no arquivo que está montando. As marcas de corte devem ser colocadas no fechamento do arquivo. Apenas as marcas de dobras podem ser indicadas manualmente. Nesse caso, o procedimento é o seguinte: encaminhe para a gráfica dois arquivos separados, um com a arte do material a ser impresso e outro com a faca e a dobra. Para indicar a marca de dobra, utilize um risco fino e pontilhado de 7 mm de largura (aproximadamente), na parte de fora da página. Faça isso do lado direito e esquerdo, na frente e no verso do material, e utilize um traço fino reto para indicar a marca da faca.

Margem de segurança

Em um documento, existem quatro margens: cabeça ou superior; pé ou inferior; de corte ou exterior; de lombo ou interior. Por esse motivo é sempre necessário considerar uma área de segurança para evitar que textos ou grafismos sejam cortados indevidamente no refile.

Em geral, a medida indicada para a margem de segurança varia de 2 mm a 5 mm – consulte o departamento de prepress da gráfica onde o material será impresso para saber que medida será adotada no fechamento de seu arquivo.

Sangria

É uma extrapolação da área impressa e previne que filetes brancos apareçam no material final, em um fundo de cor chapada, por exemplo.

A sangria deve ser exatamente a continuação do conteúdo da arte, ou seja, o prolongamento de fotos, fundos, etc.

O valor da sangria pode sofrer uma variação de 3 mm a 5 mm – quem pode informar esse valor é a gráfica que irá imprimir seu material.

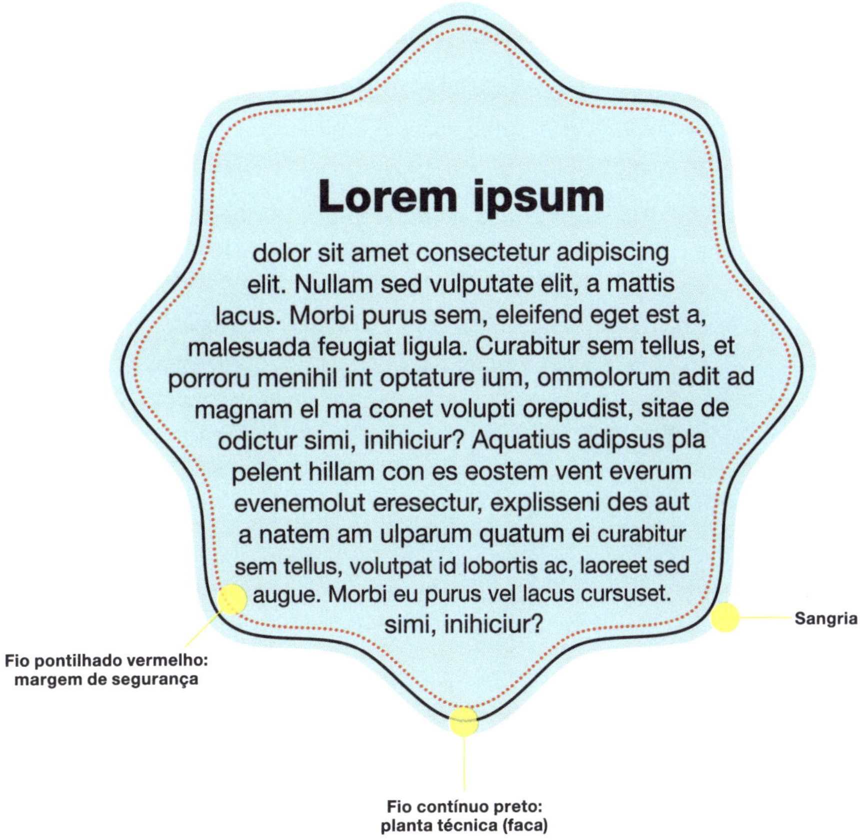

Lorem ipsum

dolor sit amet consectetur adipiscing elit. Nullam sed vulputate elit, a mattis lacus. Morbi purus sem, eleifend eget est a, malesuada feugiat ligula. Curabitur sem tellus, et porroru menihil int optature ium, ommolorum adit ad magnam el ma conet volupti orepudist, sitae de odictur simi, inihiciur? Aquatius adipsus pla pelent hillam con es eostem vent everum evenemolut eresectur, explisseni des aut a natem am ulparum quatum ei curabitur sem tellus, volutpat id lobortis ac, laoreet sed augue. Morbi eu purus vel lacus cursuset. simi, inihiciur?

Sangria

Fio pontilhado vermelho: margem de segurança

Fio contínuo preto: planta técnica (faca)

Figura 1 – Exemplo de sangria, margem de segurança e faca especial.

Exemplo de indicações no arquivo para corte e dobra em uma faca especial:

Indicação para corte ─────────────────

Indicação para dobra ------------------------

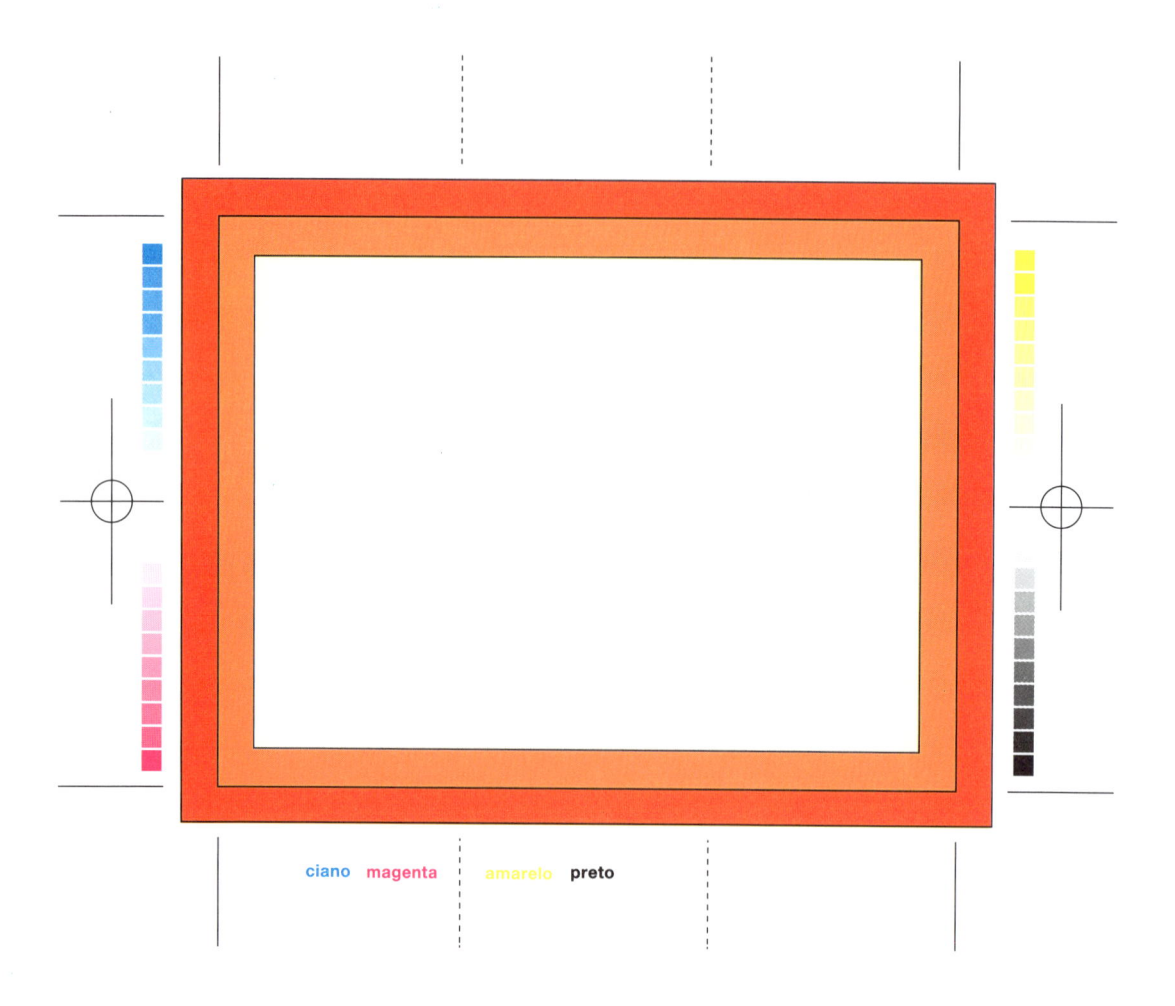

Figura 2 – Exemplo de sangria, marca de corte, de dobra e barra de cor.

Com todos os itens conferidos e corrigidos, o arquivo está pronto para ser fechado.

Usualmente, enviam-se para a gráfica arquivos fechados com extensão PDF (Portable Document Format), porque esse tipo de arquivo preserva imagens, fontes, gráficos e a formatação de arquivos originais, não descaracteriza nenhum vetor e não comprime a resolução de nenhuma imagem. Além disso, ele gera um arquivo fechado que não pode (em tese) ser modificado por ninguém.

Você pode fazer o fechamento do arquivo direto do programa Adobe InDesign, mas antes precisará solicitar à gráfica que vai imprimir o seu material o PPD (Postcript Printer Description) da máquina de impressão utilizada por eles. O PPD é utilizado para definir formatos de impressão, ângulos de cortes e outras especificações gráficas.

Toda gráfica disponibiliza uma série de procedimentos que devem ser seguidos. Muitas vezes, no próprio site da gráfica, você já pode acessar a área de prepress e fazer o download do PPD utilizado. Os procedimentos incluem características que seu arquivo deve ter, como margem, seleção de marcas de corte, sangria, perfil de cor, etc. Cada gráfica trabalha com padrões diferentes, por isso, antes de fechar o arquivo, contate a gráfica e solicite os padrões de fechamento. Com o PPD instalado, você já poderá gerar um arquivo PDF.

Caso você queira gerar um PDF para imprimir um material em gráfica que não tenha um PPD, você pode utilizar um perfil que segue um padrão básico, utilizado em todo o mundo, que é o X1A, *default* em softwares como o InDesign e o Illustrator. Cada software e cada plataforma tem um passo a passo para fechamento de arquivos diferente, mas, a partir do exemplo a seguir, você terá noção de como proceder nessas variantes.

Passo a passo para o fechamento de arquivos

Para realizar o processo, com o arquivo aberto, clique em *Arquivo*, desça até a opção *Predefinições do Adobe PDF* e escolha a opção [PDF/X – 1a:2001].

Em seguida, será aberta uma janela para você escolher o local onde deseja salvar o seu arquivo. Na sequência, uma outra janela se abrirá; nela você deverá selecionar as configurações para o fechamento do arquivo.

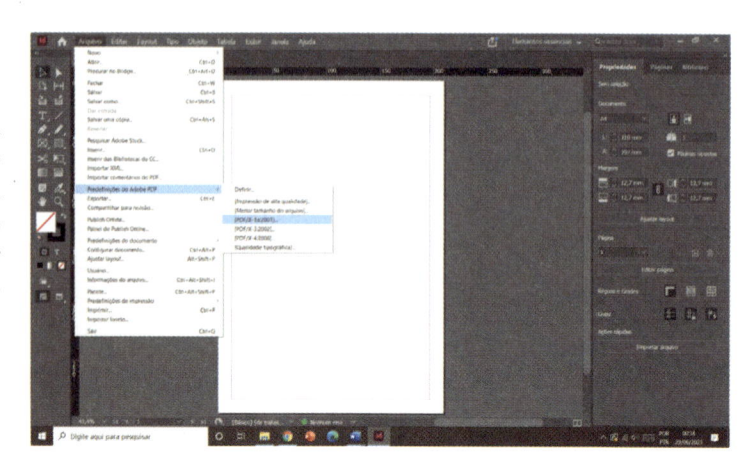

> **NA OPÇÃO *GERAL* (OU *GENERAL*):**
EM *PREDEFINIÇÃO DE ADOBE PDF*, opte por *PDF/X – 1a:2001*;
EM *PÁGINAS*, determine o que deseja exportar: *Tudo* ou *Faixa* (em que é preciso determinar páginas específicas); e opte por *Páginas* ou *Páginas espelhadas*. Para arquivos que serão fechados para serem enviados à gráfica, utilizar páginas contínuas e individuais – em geral não se encaminha para a gráfica arquivo com páginas lado a lado (spreads) nem imposicionadas.

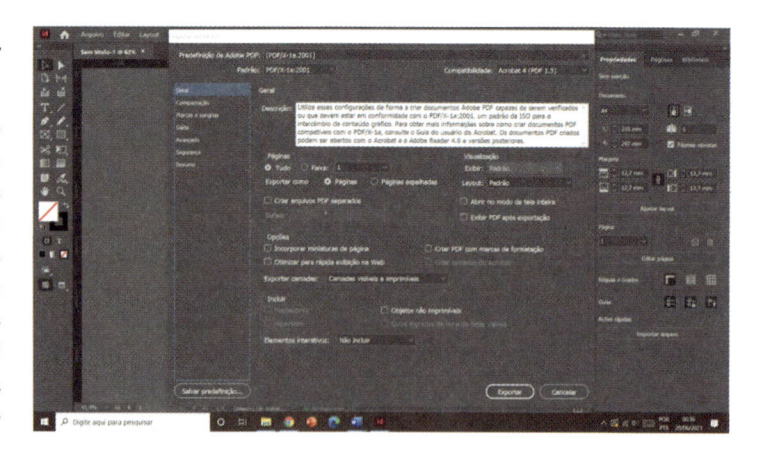

> **EM *MARCAS E SANGRIAS:***
NO CAMPO *MARCAS*, selecione pelo menos as principais informações de impressão: *Marcas de corte*, *Marcas de sangria*, *Marcas de registro*.

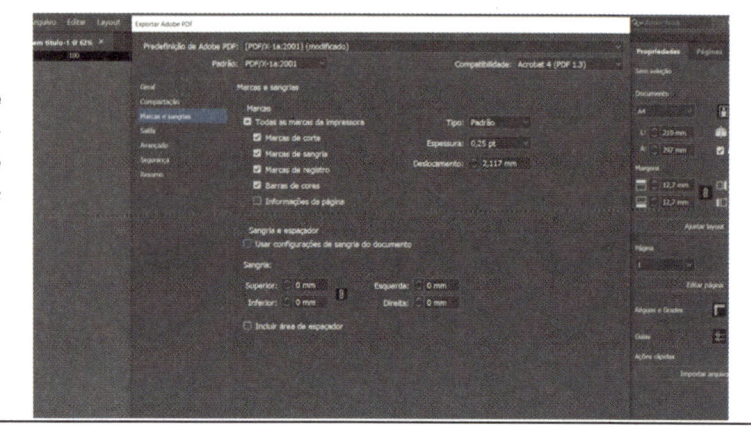

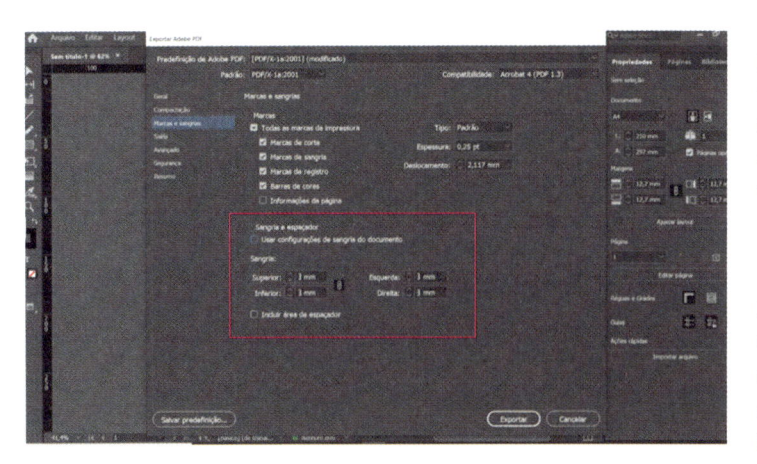

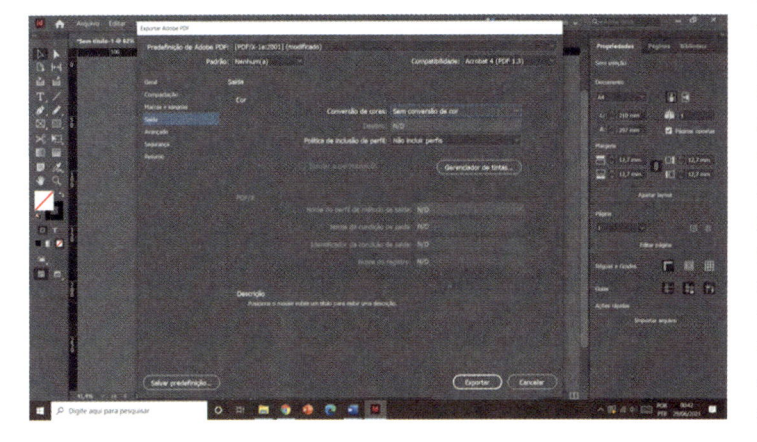

NO CAMPO *SANGRIA E ESPAÇADOR*, você pode optar por usar a configuração de sangria do documento ou especificar a medida de sangria que deseja – nesse caso, use no mínimo 3 mm.

Para finalizar, clique em *Exportar*. Agora, é só enviar seu arquivo para a gráfica.

Uma informação importante: hoje, todas as gráficas utilizam o sistema CTP. Por isso, o fechamento de seu arquivo deve ser em *composite*. Isso significa que você vai ver todas as cores num arquivo só. Essa também é uma configuração de fechamento de arquivo. Na opção *Saída* (ou *Output*), no campo *Cor* (ou *Colour*), selecione *Sem conversão de cor* – em geral, essa é uma configuração padrão. Muito embora praticamente não se utilize mais o fotolito, fica aqui a dica: caso o arquivo a ser fechado se destine à produção de fotolito, procure enviar seu arquivo com separação de cores. Assim você verá, no PDF, uma cor por vez.

FOTOLITO

O fotolito é a matriz utilizada para gravação da chapa de impressão. Utiliza como base um filme transparente que possui uma camada de emulsão fotossensível – suspensão em gelatina, de sais de prata sensíveis à luz, que registram as informações vindas do arquivo, a partir de exposição à luz. Para cada cor é preciso ter um filme. Assim, em um arquivo quatro cores (CMYK), haverá quatro filmes. A imagem gravada no fotolito não tem cor, todos os filmes registram a informação em preto. A cor do material será dada pela tinta, no momento da impressão. O fotolito é gerado por meio de um equipamento chamado imagesetter.

CHAPA DE IMPRESSÃO

É utilizada como matriz do material a ser impresso, sendo feita geralmente em alumínio, onde são gravadas as informações a serem impressas. A chapa é gerada por meio de um equipamento chamado platesetter.

PROVAS DE COR:
DO PRELO À PROVA DIGITAL

As provas de cor são necessárias para analisarmos a qualidade do material antes da impressão, para a aprovação do trabalho junto ao cliente e para o acompanhamento da impressão, pois servem de guia para que o impressor faça todos os ajustes necessários, obtendo assim um impresso com qualidade.

Essa é a fase em que podemos solicitar as correções necessárias até que o material esteja 100% adequado.

Toda prova de cor deve ter marcas de corte, que delimitam o tamanho do trabalho, e de dobra; barra de calibragem ou barra de cores; e escala de densitômetro.

A barra de calibragem ou de cor é uma tira com amostras de cores ou de tons que estão sendo usados no material impresso, possibilitando verificar a densidade de cor, o ganho de ponto, entre outros aspectos, e solicitar ajustes, se necessário.

É sempre posicionada fora da área de mancha do projeto. Para que seja possível uma medição precisa da densidade de retículas, o ideal é que a barra de cores seja inserida no centro da folha, apresentando barras de cores sólidas e de retículas, que, em geral, variam de 10% em 10%.

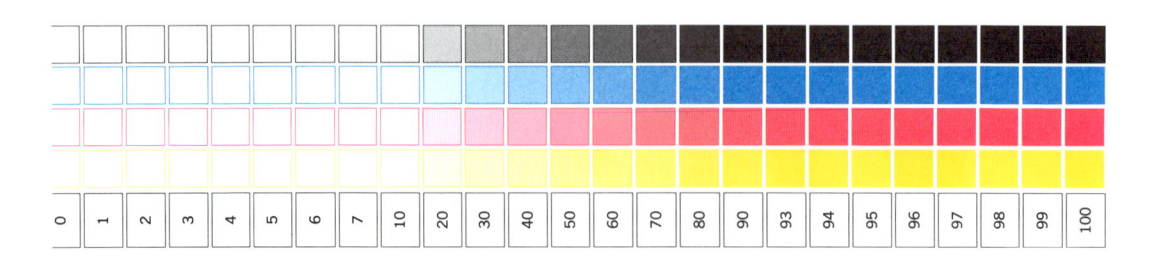

Figura 3 – Exemplo de barra de calibragem CMYK de 0% a 100%.

Já o densitômetro é um equipamento que, como o próprio nome indica, mede a densidade das cores apresentadas na barra de calibragem, a fim de assegurar a qualidade do material impresso durante todo o processo de impressão.

No que diz respeito a esse cuidado, hoje já existem equipamentos que realizam o controle de saída de materiais impressos da máquina de forma automática. Nesses equipamentos, a medição acontece por meio de leitura feita por um scanner, que verifica a calibragem das cores de lotes em lotes, em geral a cada 500 folhas rodadas. Dessa forma, se necessária, a calibragem da carga de tinta na máquina é feita automaticamente.

PRELO

Esse tipo de prova não é mais utilizado atualmente, mas é o único capaz de gerar uma reprodução fiel do impresso. Para gerar provas de prelo é necessário produzir as chapas de impressão, por isso é uma prova custosa.

As tintas utilizadas para a confecção dessa prova são as mesmas da máquina de impressão, assim como o papel que será utilizado na impressão offset, por isso ela é muito precisa.

Na prova de prelo, temos o que convencionalmente se chama de progressão, "sequência de escala de cores", em que as cores vão sendo impressas uma a uma e podemos, assim, observar o resultado de uma cor sobre a outra.

Essa progressão é importante para os casos em que se utilize uma máquina de impressão bicolor.

CROMALIN / MATCHPRINT / PRESSMATCH

Este tipo de prova necessita de fotolito para ser gerado e exatamente por isso não é mais utilizado, já que o atual processo de impressão é o CTP.

As provas Cromalin (DuPont), Matchprint (Imation) ou Pressmatch (Agfa) são geradas a partir de películas coloridas, laminadas em cima de uma base branca própria (existem vários fabricantes diferentes e cada um fornece sua película e sua base).

A película e a base utilizadas são fotossensíveis, sendo expostas à luz em uma prensa de contato.

Neste processo, as cores utilizadas são laminadas uma a uma, até obtermos o resultado final. Alguns fabricantes criaram um processo que permite a reprodução de cores especiais em provas como essas. Nesse caso, um polímero fotossensível é laminado sobre a base e o fotolito de cor especial é colocado sobre ela, recebendo assim a exposição de luz na prensa de contato. Após a exposição, aplica-se sobre a prova um pó especial, com a mistura da cor especial indicada para o trabalho.

Na prova matchprint, é necessário utilizar líquidos reveladores após a laminação da película na base. Esses reveladores têm como função retirar a película das áreas sem tinta ou das áreas que não receberam exposição de luz.

É importante observar que, de acordo com o tipo de suporte, pode haver uma variação de cor, tanto na prova de cor como na impressão final.

PROVAS DIGITAIS

A maior parte das provas utilizadas hoje em dia são digitais. Esse tipo de prova é obtido direto do arquivo, ou seja, do computador direto para a impressora digital.

A diferença das provas vistas anteriormente para a prova digital é que para gerá-la não são necessários nem o fotolito nem a chapa, o que resulta em um processo mais barato, pois possibilita a correção de todos os erros antes da gravação de chapas. É também o processo mais ágil.

Esse sistema de prova foi desenvolvido para a impressão CTP, em que as chapas são geradas também a partir do arquivo.

As provas de última geração são reticuladas, possibilitando maior aproximação do material que será impresso. Existem diversos tipos de provas digitais: a Kodak Approval, em que podemos trabalhar com diversos tipos de papéis, até uma gramatura de 300 g/m^2, além de termos a simulação de cores especiais; a Epson 8 cores (CMYK + ciano light + magenta light + preto light + preto light light), que permite alcançar uma gama maior de cores e, com isso, mais fidelidade e qualidade; além da Rainbow, da Cromalin digital, da Digital Matchprint, da Majestic, da Dye Sublimation, entre outras.

As provas digitais evoluíram muito e já possuem qualidade de cor e resultado bem próximos da qualidade final do impresso.

GRAVAÇÃO DE CHAPA – CTP
SISTEMA CTP

O CTP (computer to plate – do computador para a chapa) foi um importante avanço para a indústria gráfica mundial, pois tornou possível dispensar o uso do fotolito para a gravação de chapas.

A partir do arquivo digital (arte-final digital), as chapas de impressão são gravadas diretamente a laser e depois reveladas em uma processadora, que passa as chapas por químicos reveladores e fixadores e por uma lavagem com água no final, deixando as chapas prontas para a impressão.

Esse processo possibilita um aumento aproximado de 30% na produção da gráfica, já que o fotolito não é necessário. Além disso, o erro na gravação de chapas é minimizado e se ganha mais qualidade, pois nesse processo de gravação de chapa não existe perda de ponto.

Algumas gráficas possuem um "portal de aprovação", que pode ser acessado pelo cliente para a aprovação de seus arquivos digitais, sem que haja a necessidade de produção de provas digitais impressas. Esse tipo de aprovação é muito utilizado no mercado editorial – aproximadamente 95% de todas as aprovações são feitas por meio desse sistema.

A imposição de páginas é feita diretamente na gravação das chapas, dispensando assim a montagem manual e facilitando, por consequência, o ajuste de registros.

Figura 4 – Platesetter, equipamento para gravação da chapa.

IMPRESSÃO:

CHAPAS GRAVADAS, MATERIAL PRONTO PARA RODAR

Já deu para perceber que o processo de criação e de impressão de projetos gráficos é composto por diversas etapas bem distintas, que requerem atenção e conhecimento.

Com projeto aprovado, arquivo fechado e provas feitas, é chegada a hora da impressão e, para alcançar o melhor resultado, é preciso saber mais sobre o processo industrial.

SUPORTES DE IMPRESSÃO

O suporte de impressão que primeiro nos vem à cabeça é o papel, mas atualmente a indústria gráfica oferece uma gama gigante de possibilidades, com diferentes características para cada necessidade.

PAPEL

O papel é um dos principais suportes de impressão quando o assunto é material de comunicação, por isso merece destaque neste capítulo.

O papel surgiu ainda no Egito antigo – o papiro: uma mistura de água com junco que formava um pergaminho com espessura semelhante à de um tecido. Os egípcios, que abasteciam o mundo com o papiro, obtinham de sua fabricação grande fonte de renda. O papiro também era muito valorizado entre os romanos, que o chamavam de papel augusto.

O papel como conhecemos hoje teve origem na China, na província de Hunan, e foi inventado por T'sai Lun. O "primeiro papel" foi feito a partir de uma mistura de cascas de árvores e trapos de tecidos, que, depois de molhados, eram batidos até que se formasse uma pasta. Esta era disposta em peneiras e, depois de seca, se tornava uma folha de papel. Essa técnica foi sendo aprimorada até se difundir pelo resto do mundo.

Os árabes, a partir de 1300, exerceram muita influência na difusão do papel por toda a Península Ibérica – o restante da Europa só conheceu o papel por volta dos séculos XII a XVI.

Mas foi em virtude da invenção de Gutenberg – a prensa de tipos móveis, por volta de 1450 – que a fabricação de papel ganhou importância, pois, a partir desse momento, o homem passou a perceber a relevância social e econômica da fabricação industrial do papel.

Com o passar dos anos, a fabricação do papel foi se aprimorando, novas tecnologias surgiram e, sem dúvida, a invenção da pasta de madeira triturada contribuiu muito para o avanço dessa fabricação.

Atualmente, a madeira de eucalipto é a matéria-prima da fabricação do papel, de onde é extraída a celulose. Para se ter uma ideia, uma árvore possui cerca de 50% de celulose em peso.

Para a obtenção da celulose, a madeira passa por uma série de estágios: ela é lavada, descascada, picada em pequenos cavacos e processada por métodos mecânicos, químicos ou semiquímicos.

Escolhendo o melhor tipo de papel

Tratamento de superfície

Ao fim do processo, o papel recebe um revestimento de alguns compostos, como carbono de cálcio, látex, entre outros, que lhe conferem características importantes para uma boa impressão. Chamamos esse processo de tratamento de superfície.

Vejamos, por exemplo, o papel couché, um dos mais fabricados no mundo, que nada mais é do que um papel-base (offset que recebe um revestimento que o deixa mais liso e uniforme). Esse papel pode receber basicamente três tipos de tratamento, que lhe atribuem características diferentes:

- Brilhante.
- Semifosco.
- Fosco.

Esse tipo de acabamento é obtido quando sobre o papel é aplicada a tinta couché, que cobre espaços existentes entre as fibras, produzindo assim um papel mais liso. Após a aplicação da tinta couché, esse papel ganha brilho ao ser submetido à supercalandragem, que é um polimento.

Propriedades do papel

Aparência

Diz respeito à alvura, à reflexão da luz, à brancura, à tonalidade, ao brilho, à opacidade e ao corpo.

Composição química

Está relacionada à composição do revestimento, à umidade, à resistência à água, ao nível de pH – quando acima de 7, o papel é considerado alcalino, ideal para impressão em offset.

Textura

Refere-se à resistência ao blister (bolhas), ao sentido da fibra, à estabilidade dimensional, à formação do papel, à porosidade, à rigidez.

Superfície

Corresponde à lisura, à resistência superficial, à absorção da tinta de impressão, à limpeza superficial.

A harmonia entre todas essas propriedades é essencial para que se tenha um papel de boa qualidade para impressão. A falta de uma delas pode causar defeitos ou reações indesejadas, que afetarão a qualidade final do impresso.

Formatos de papel

No mundo todo, a fabricação de papel é feita de acordo com as máquinas de impressão e com sua forma de comercialização. O papel pode ser fabricado em bobinas ou folhas planas, como visto no capítulo 1.

Por esse motivo, é muito importante que o tamanho do trabalho que está sendo desenvolvido respeite esses padrões, pois isso permitirá um bom aproveitamento de papel. Esse aproveitamento reflete diretamente no custo do trabalho.

Tipos de papel

Papel-bíblia

Como o próprio nome diz, é utilizado para a impressão de bíblia e similares.

Papel couché

Advém de um papel-base, como o offset, que recebe revestimento dos dois lados, calandrados. É usado nos mais diversos meios de impressão.

Papel-imprensa

Produzido a partir de uma pasta mecânica, é usado em impressões de jornais e periódicos, nas gramaturas 45 g/m² e 60 g/m².

Papel-jornal

Similar ao papel-imprensa, mas com uma oferta maior de gramatura.

Papel offset (alta alvura)

Papel fosco e brando em ambas as faces. Fabricado com pasta química branqueada e sem nenhum tipo de revestimento.

Papel off-white

O off-white é um papel que recebe um tipo de tratamento para que não seja tão branco quanto o papel offset, buscando com isso facilitar a leitura, tornando-a mais agradável. É um papel offset "melhorado".

Papel bond

Fabricado com pasta química branqueada, usado em correspondências, formulários e cadernos escolares.

Cartão ondulado

Papel produzido a partir de folhas onduladas, é muito utilizado para embalar vidros.

Cartão duplex/triplex

Papel com alta resistência, apresenta uma de suas superfícies lisa e a outra fosca. Utilizado na confecção de cartuchos e embalagens.

Papel Duo Design

É também um papel de alta resistência, mas, diferentemente do triplex, apresenta revestimento/coating nas duas faces, frente e verso.

Papel vegetal

Produzido a partir de fibras de celulose pura. Possui transparência e é muito utilizado para desenhos e trabalhos de engenharia e arquitetura.

Papel Kraft natural

Tipo de papel que não recebe nenhum tipo de branqueamento no processo de produção. Muito usado na área de embalagens e sacolas, por suas propriedades de resistência.

Papel Kraft branco

Similar ao papel Kraft, mas com branqueamento em uma de suas faces. Muito usado na área de embalagens e sacolas.

Papéis metalizados

Tipo de papel que recebe um revestimento de película metalizada.

Papel LWC

Papel com gramaturas baixas (45 g/m^2 a 70 g/m^2), utilizado em geral em revistas, materiais promocionais, tabloides, entre outros.

Papel reciclado

Feito a partir de sobras de papel (offset, por exemplo). É um papel poroso e apresenta diferentes tipos de textura e cores.

TECIDO

Podemos não perceber, mas o tecido é um suporte de impressão muito utilizado e presente em nosso dia a dia, em camisetas, nos rolos de tecidos para confecção, nas sacolas de tecidos, no material customizado para eventos, etc. Basta parar para observar e você verá quantas coisas ao seu redor são produzidas em tecidos impressos.

Existem alguns tipos de impressão em tecido que podem ser realizados com ou sem sublimação.

Transfer

É um processo de termotransferência. Neste tipo de impressão, é necessário o uso de um papel especial, em que será impressa a estampa desejada. Esta passará para o tecido por meio de uma prensa térmica, que transferirá o desenho para o suporte. Um ponto a ser considerado nesta técnica é que existem limitações de qualidade.

Sublimação

É também um processo de termotransferência, em que a imagem é transferida para o tecido por meio de um papel especial. A diferença nesta técnica é que o pigmento adere à superfície da fibra do tecido, que, ao ser aquecida, expande-se, criando espaços nos quais o corante sublimático é depositado. Após o resfriamento, esses espaços se fecham e encapsulam o corante. Essa técnica é ideal para tecidos 100% poliéster.

Impressão digital

Nesta técnica, a tinta é depositada diretamente no tecido, não sendo necessária a utilização da técnica de sublimação. Atualmente, é o que traz melhores resultados para a estamparia. É muito utilizada para tecidos 100% algodão.

PLÁSTICO

Existem diferentes tipos de plásticos. Os mais utilizados na comunicação visual são o PVC, o PS e o acrílico em chapas. A impressão digital é a mais usual nesse tipo de suporte, e seu corte é feito a laser.

Há também o polietileno, muito utilizado para a confecção de sacolas e embalagens. Para esse tipo de suporte, a impressão pode ser tanto digital como flexográfica.

Policloreto de vinila (PVC)

O PVC é um material termoplástico obtido por meio de uma combinação química (polimerização) de carbono, hidrogênio e cloro. Além do PVC, temos outros tipos de termoplásticos, como o polietileno e o polipropileno.

O PVC é um material muito utilizado na comunicação, porque é resistente, versátil, leve e não sofre deformações se submetido ao calor ou à alta pressão, possibilitando seu uso em áreas internas ou externas.

Seu custo não é alto, e ele pode receber diversos tipos de acabamentos. Hoje já é possível encontrar no mercado chapas de PVC que causam menos impacto ao meio ambiente, chamadas de PVC verde.

Poliestireno (PS)

O PS, por seu baixo custo, é o mais utilizado em materiais de comunicação. Também é um termoplástico sintético que pode ser usado de três maneiras:

- como poliestireno comum (cristal): assemelha-se visualmente ao vidro e é muito utilizado em capas de CD, tesouras, potes, etc.;

- como poliestireno de alto impacto: para se tornar mais resistente, passa por um processo químico diferente, e por isso não é transparente. É atóxico e pode ser utilizado em embalagens de alimento, copos descartáveis, etc., entre outros usos em geral;

- como isopor: o PS expandido mais conhecido é da marca comercial Isopor®, e um de seus usos é como isolante, em diversas áreas da indústria.

Acrílico – Polimetilmetacrilato (PMMA)

Assim como o PVC e o PS, o acrílico também é um termoplástico e, por sua semelhança com o vidro, é conhecido como vidro acrílico.

Por ser nobre, duradouro e 100% reciclável, é um dos plásticos mais caros do mercado. Oferece um resultado muito bonito e é utilizado na indústria automobilística, na arquitetura, em materiais ópticos, na construção civil, em restaurantes, na hotelaria e inclusive na área da medicina.

Polietileno

O polietileno também é um termoplástico, que tem como características a leveza, a flexibilidade, a impermeabilidade e a resistência. É classificado conforme sua densidade, com diferentes aplicações:

- baixa densidade (PEBD): embalagens, partes de brinquedos, etc.;

- média densidade (PEMD): muito utilizado pela indústria naval e automobilística;
- alta densidade (PEAD): garrafas, bolsas de supermercado, etc.

ALUMINIUM COMPOSITE MATERIAL (ACM)

Trata-se da junção de duas placas de alumínio unidas por um núcleo de polietileno de baixa densidade. É um material de alta resistência, com espessura variada, que permite diversos tipos de acabamento e pintura, possibilitando seu uso em aplicações internas ou externas.

Por suas características, como leveza, flexibilidade, atenuação termoacústica, manutenção, entre outras, o ACM é muito utilizado na comunicação visual: pórticos, luminosos, fachadas, toldos, etc. Para esse tipo de suporte, utiliza-se, em geral, a impressão digital.

OUTROS SUPORTES

Vimos os suportes mais utilizados na comunicação visual, mas além deles existem também muitos outros à disposição no mercado, como porcelana, cerâmica, MDF. Para cada um deles haverá um tipo de aplicação e método de impressão específico.

PROCESSOS DE IMPRESSÃO

Existem diferentes processos de impressão, que podem ser separados de acordo com a forma de transferência da tinta da matriz para o suporte de impressão. Essa transferência pode ser feita direta (da matriz diretamente para o suporte de impressão, como no processo de impressão serigráfica) ou indiretamente (quando há um elemento intermediário entre a matriz de impressão e o suporte de impressão, como no processo offset, no qual a informação gravada na chapa é transferida para a blanqueta – cilindro de borracha – e da blanqueta para o suporte de impressão).

Há cinco grandes grupos de processos de impressão:

PLANOGRAFIA

Neste processo todas as matrizes são planas, não há nenhum tipo de relevo. São exemplos a impressão offset e a litografia.

Offset

Processo descoberto casualmente pelo norte-americano Rubel, em 1904. Rubel era um impressor litográfico que sem querer rodou a máquina litográfica sem papel e percebeu que a imagem que estava na chapa tinha sido transferida para um cilindro de borracha. Quando o impressor foi transferir a imagem para o papel, percebeu que a imagem que estava mais nítida era a que tinha sido impressa pela borracha – este é o motivo pelo qual esse sistema é chamado de impressão indireta, pois a tinta não vai da matriz direto para o suporte de impressão.

O tipo de impressão offset passou a ser mais difundido com a descoberta de chapas de impressão de alumínio revestidas de uma camada de polímero fotossensível e é sem dúvida o mais utilizado no mundo atualmente, por sua qualidade de impressão.

Esse tipo de impressão trabalha com dois tipos de alimentação: plano e contínuo. O sistema de alimentação plano utiliza folhas de papel cortadas, e o sistema de alimentação contínuo utiliza bobinas.

Existem vários tipos de máquinas offset: podemos encontrar máquinas a 1 cor, 2 cores, 4 cores, 5 cores, 6 cores, 8 cores e 10 cores, e algumas possuem um sistema de reversão de folhas automático, que pode rodar materiais dos dois lados simultaneamente, como 4 × 4 cores ou até mesmo 5 × 5 cores.

Figura 1 – Detalhe da impressão offset em 4 cores.

Litografia

Inventada por Alois Senefelder, em 1798, é um tipo de impressão que tem como matriz uma pedra polida. A litografia tem como base de impressão o processo de repulsão entre as tintas utilizadas (à base de óleo) e a água.

Figura 2 – Placa de calcário usada na impressão de litografia.

ELETROGRAFIA

Este processo de impressão é derivado das impressões eletrostáticas, como as impressões xerográficas. Neste processo, as partículas são carregadas eletricamente com cargas de um mesmo sinal, que se repelem, enquanto que partículas carregadas com cargas de sinais opostos se atraem. Faz parte deste grupo a impressão digital.

Impressão digital

Com as novas tecnologias, a impressão digital tem se mostrado uma opção muito interessante. Nela a impressão é feita direto do computador/arquivo.

Com este tipo de impressão, podemos fazer impressos com formas e tiragens variadas, e isso foi um grande avanço para a área gráfica, que passou a não ter mais uma limitação de quantidade mínima de impressos.

A impressão digital ganha destaque principalmente por trabalhar com tecnologia de retículas, possibilitar a impressão de baixas tiragens, oferecer agilidade e se adaptar à impressão de dados variados.

Figura 3 – Detalhe de impressão digital.

PERMEOGRAFIA

Neste processo a matriz é permeável, ou seja, na matriz de impressão a área com informação a ser impressa é perfurada, permitindo que a tinta chegue até o suporte de impressão.

Para a gravação da matriz desse processo de impressão, é necessário o fotolito. Na permeografia, temos uma tela que é emulsionada e exposta à luz. Quando a luz atinge a tela diretamente, há duas reações: a emulsão se fixará, tornando essas áreas de contragrafismo impermeáveis, e os locais que não são atingidos pela luz se tornarão áreas permeáveis – áreas de grafismo.

Serigrafia

Existem pesquisas que afirmam que este tipo de impressão foi inventado pelos egípcios nas construções das pirâmides e que posteriormente foi utilizado pelos chineses. Atualmente, é muito utilizado no mundo todo.

Neste tipo de impressão utilizamos uma tela, uma matriz vazada que tem a área de contragrafismo vedada. Para que a impressão seja possível, é necessária a utilização de um rodo de borracha que força a passagem de tinta pelas áreas vazadas, atingindo assim o suporte, que pode ser papel, tecido, borracha, etc.

Figura 4 – Impressão serigráfica: tela e rodo de borracha.

RELEVOGRAFIA

Neste processo a matriz possui alto-relevo, ou seja, toda informação a ser impressa está gravada na matriz em relevo, como na flexografia e na tipografia.

Tipografia

Esse tipo de impressão foi inventado pelos chineses por volta do século X e aprimorado por Gutenberg por volta de 1454, quando inventou a primeira prensa com tipos móveis.

A tipografia tem como matriz de impressão tipos confeccionados em metal (zinco ou bronze) em alto-relevo, que são entintados e posteriormente transferidos para o papel por um sistema de batida (sistema direto de impressão).

Os tipos, matrizes de impressão, são chamados de clichês e encaixados lado a lado, letra a letra, em um suporte chamado caixilho, próprio para tipografia, e depois inseridos na máquina.

Para além da tipografia, os clichês também são utilizados para trabalhos com hot stamping e para alto-relevo e baixo-relevo.

Figura 5 – Tipos móveis confeccionados em metal.

Flexografia

Foi inventada por volta de 1853, e seu nome é derivado de sua matriz, que utiliza formas flexíveis, de borracha ou polímeros. As matrizes desse tipo de impressão são confeccionadas a partir de fotolito.

É muito utilizada para a impressão de sacolas plásticas e de papel, papéis laminados, poliéster, plásticos em geral, papéis para presente, tecidos e papelão ondulado.

A matriz pode produzir até 3 milhões de impressos.

Uma característica deste tipo de impressão é um efeito que chamamos de splash, um fio branco no final da impressão, que resulta da pressão da borracha no suporte.

Figura 6 – Impressora flexográfica.

Tampografia

Tipo de impressão indireta no qual a imagem é transmitida da matriz para o suporte por intermédio de uma peça de silicone chamada "tampão"; foi inventada em 1970. O tampão captura a imagem de um clichê de baixo-relevo (que recebe tinta) e a transfere para o suporte a ser impresso.

Por suas características, a tampografia permite a impressão em suportes não planos, por exemplo: canetas, xícaras, copos, teclas de computador, bolas, painéis eletrônicos, tampinha de refrigerante, entre outros.

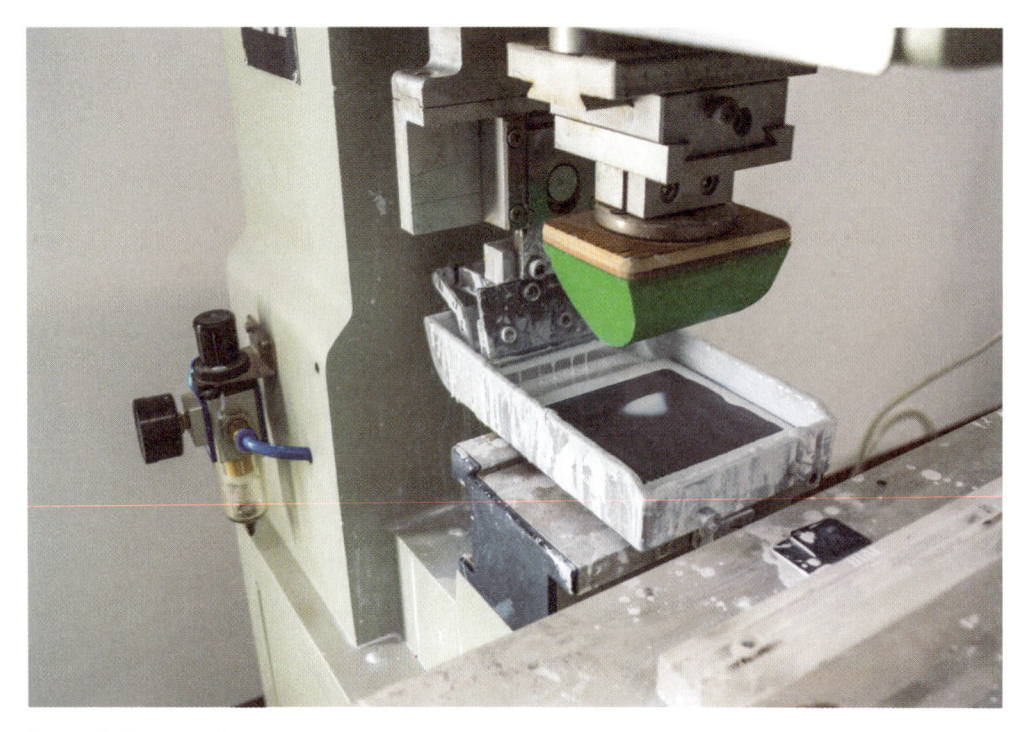

Figura 7 – Tampografia.

Xilografia

Tipo de impressão que se utiliza de uma prancha de madeira como matriz.

Figura 8 – Ferramentas para a produção de matriz de xilogravura.

ENCAVOGRAFIA

Este processo de impressão utiliza uma matriz de impressão de baixo relevo, onde a tinta é armazenada para posteriormente ser transferida para o papel ou outro suporte de impressão.

Rotogravura

É um tipo de impressão cuja matriz pode ser tanto uma fôrma cilíndrica como uma chapa plana. Foi inventada por volta de 1784, por Thomas Bell.

A principal característica desse tipo de impressão é a agilidade e a alta tiragem, uma vez que trabalha com papel em bobinas, permitindo de 30 mil a 100 mil giros por hora em impressos a uma cor.

A rotogravura é um tipo de impressão que envolve altos custos e seu uso está voltado para grandes tiragens de revistas, jornais e embalagens em geral.

TINTAS

As tintas de impressão surgiram na China em I a.C. e, no fim do século XVIII, tem-se o registro da primeira fábrica de tintas, na Alemanha. A seguir, vamos conhecer os tipos mais utilizados e suas especificidades.

TINTAS OFFSET

As tintas offset são formadas por três elementos básicos:

- pigmentos;
- veículo;
- modificadores.

Os pigmentos podem ser orgânicos, produzidos industrialmente a partir de derivados do petróleo, e inorgânicos, produzidos industrialmente com matérias-primas minerais. São pequenas partículas, cuja função é dar cor à tinta.

O veículo é o líquido no qual se mistura o pigmento e, como o próprio nome diz, serve de veículo para transportar o pigmento para o suporte de impressão. Pode ser um óleo, como o de soja ou de linhaça, ou sintético, resultante da mistura de produtos químicos, como as resinas fenólicas.

Já os modificadores são componentes adicionados à tinta para controlar a secagem, o desbotamento, o cheiro, etc.

As principais opções oferecidas pelo mercado atualmente são as tintas de escala e as de cores especiais.

Tintas de escala

Quando trabalhamos com a impressão de imagens formadas a partir do sistema de cor CMYK (quadricromia), este é o tipo de tinta que deve ser utilizado. Muito embora as tintas de escala sejam produzidas conforme um procedimento padrão seguido internacionalmente, conhecer características típicas do seu local de produção é importante.

Cada região do mundo está sujeita a condições próprias que refletem diretamente o seu olhar. Pessoas que moram em regiões mais frias e com pouca incidência de sol, por exemplo, não estão habituadas a cores quentes e altas luzes como nós, que moramos em uma região de trópico. Por isso existem diferentes tipos de escalas de cores, alinhadas ao perfil de cada região do mundo:

- escala Europa: a mais utilizada no Brasil e em países da Europa;
- escala Tokyo: utilizada no Japão e em países asiáticos;
- escala Kodak: utilizada na América do Norte;
- escala DIN (alemã): utilizada na Alemanha e em alguns países da Europa.

Tintas de cores especiais

Este tipo de tinta trabalha com um método diferente do processo de formação de cores, sendo gerado a partir das diversas composições de porcentagem de aplicação da escala CMYK, oferecendo uma gama enorme de cores lindas e especiais.

Como já vimos, a escala de tintas mais conhecida no mundo é a Pantone, com suas 1.114 cores especiais em dois tipos diferentes de papel: coated (revestido), representado pela letra C, e uncoated (não revestido), representado pela letra U.

TINTAS METÁLICAS

Se seu objetivo é dar ao trabalho um efeito metalizado, então esse é o tipo de tinta mais adequado.

As principais cores são o prata e o ouro e, para obter o efeito metalizado, diferentemente das tintas offset, as tintas metálicas levam em sua composição pigmentos que criam essa característica, como o pó de alumínio, o pó de cobre ou o pó de latão (mistura de pós de zinco com cobre).

TINTAS FLEXOGRÁFICAS

Tintas à base de água que levam em sua composição colofônia saponificada, resinas, pigmentos orgânicos e inorgânicos, corantes básicos, solventes (glicóis, solução de amônia e água) e ceras. Como o próprio nome diz, são utilizadas no processo de impressão flexográfico.

TINTAS UV

Tintas compostas por oligômeros e pigmentos orgânicos e inorgânicos. Utilizadas em geral no sistema de impressão UV (ultravioleta), possuem secagem praticamente instantânea, já que passam por um processo de exposição à luz ultravioleta após a impressão.

TINTA DE SEGURANÇA OU PARA APLICAÇÕES ESPECÍFICAS

Esse tipo de tinta é composto por resinas, pigmentos orgânicos e inorgânicos, corantes e solventes. Em geral, é utilizada em impressos que buscam dificultar a falsificação, mas nada impede que seja aplicada também como um recurso diferencial.

Existem alguns tipos de tintas de segurança:

- fotocromáticas: visíveis apenas quando expostas à luz solar;
- fosforescentes: refletidas no escuro;
- fluorescentes: possuem um efeito luminoso;
- sensitiva UV: visível apenas quando exposta à luz negra;
- branco reativo a metal: visível apenas mediante raspagem de um metal sobre sua superfície, utilizada, por exemplo, em embalagens de remédio;
- hidrocrômicas: quando expostas à água mudam de cor;
- termocrômicas: visíveis quando expostas a determinadas temperaturas, podem também mudar de cor quando expostas;
- tinta reativa: reage ao ser exposta a produtos químicos; utilizada, por exemplo, em folhas de cheque.

Logo, existem diferentes tipos de tinta, que podem variar de acordo com o processo de impressão ou objetivo desejado. Além disso, as tintas também são classificadas de acordo com sua aplicação e seus resultados:

- atóxica: utilizada em embalagens de alimentos e em brinquedos;
- set rápido: tinta de secagem rápida, utilizada em geral em suportes de baixa porosidade;
- concentrada: por característica, tem maior concentração de pigmentos;
- laminados e sintéticos: utilizadas em suportes de baixa aderência superficial e pouca ou nenhuma absorção;
- EB (electron beam – feixe de elétrons): é um tipo de tinta que não usa solventes e cujo processo de secagem se dá a partir da exposição a um feixe de elétrons;
- metalgrafia: é o tipo de tinta utilizado em suportes metálicos, como alumínio e folhas de flandres;
- UV: são as tintas utilizadas em geral em suportes como PS, vinil, vidro, MDF, entre outros.

PROBLEMAS DE IMPRESSÃO

Agora que já conhecemos os tipos de impressão e de tintas existentes no mercado gráfico, vamos ver alguns problemas que podem acontecer na impressão de um material:

GANHO DE PONTO

É uma distorção, um aumento no tamanho do ponto de retícula. O ganho de ponto é um fator inerente à transferência da informação para o suporte de impressão e tem uma variação de 5% a 35%.

O ganho de ponto pode acontecer na etapa de pré-impressão, na gravação do fotolito e posterior gravação da matriz de impressão ou, no caso do CTP, do arquivo para a matriz de impressão. Na etapa de impressão, pode ocorrer em função da pressão exercida entre a chapa, a blanqueta e o cilindro de contrapressão de impressoras offset (impressão indireta) ou da pressão das matrizes no suporte de impressão (impressão direta).

Ele pode ser percebido em geral nas áreas de meio-tom: ao comparar a prova de impressão e o material impresso, você perceberá que essas áreas estão mais "sujas", mais "entupidas", deixando a imagem ou informação impressa mais escura.

Há também o ganho de ponto negativo, que é o oposto de quando o ganho causa aumento no tamanho do ponto: nessa situação, os pontos "somem". Esse problema pode ser percebido nas áreas mínimas, onde a imagem é bem clara, com pouca concentração de retícula (quando as retículas dessa área somem, ficam "carecas", termo em geral utilizado), e também nas máximas, onde a imagem é mais escura, chapada (na utilização de papéis mais absorventes percebe-se que as áreas chapadas ou de preto total ficam mais claras).

Assim, será necessário investigar onde o ganho de ponto aconteceu – se na gravação da matriz de impressão ou na máquina de impressão.

Caso o ganho de ponto esteja acontecendo na gravação da matriz de impressão, é necessário verificar se o imagesetter (no caso do fotolito) ou o platesetter (no caso de CTP) estão calibrados, se passaram por manutenção recente e estão operando dentro das especificações adequadas. Se estiverem operando corretamente e ainda assim estiver ocorrendo um ganho de ponto na gravação da matriz, pode ser necessária a criação de uma curva de compensação no arquivo, para que este ganho de ponto não aconteça.

Caso o ganho de ponto esteja acontecendo na etapa de impressão, igualmente será necessário verificar se a impressora está calibrada.

O ganho de ponto pode acontecer também pela porosidade do suporte de impressão, pelo tipo de matriz utilizada, pelo tipo de tinta e pela lineatura.

Existem dois tipos de ganho de ponto: o físico, que pode ser causado pela pressão entre os cilindros ou pela excessiva carga de tinta, e o óptico, causado pela absorção irregular da tinta no suporte de impressão.

PODRAGEM

Acontece quando o pigmento da tinta não adere ao suporte de impressão. Isso ocorre quando a tinta não tem boa ancoragem – isto é, não tem boa aderência ao suporte de impressão –, quando está muito concentrada ou quando o suporte escolhido não é o mais adequado para a tinta utilizada.

Para corrigir esse tipo de problema, consulte o fabricante da tinta para saber qual a concentração de tinta mais adequada para o suporte escolhido, qual o papel mais adequado para a tinta que pretende utilizar, etc.

SHOW-THROUGH OU FANTASMAS

Ocorre quando áreas chapadas sobrepostas aparecem no lado oposto da folha impressa. Para resolver este problema, há algumas alternativas:

- imprimir primeiro o lado da folha que possui chapados mais densos e depois imprimir o lado oposto;
- deixar o lado impresso secar antes de imprimir o outro lado;

- ventilar as folhas antes de iniciar a impressão do outro lado;
- avaliar outras possibilidades junto à gráfica escolhida para produzir o material.

CAROÇO

Acontece quando na área impressa se observa um ponto branco, sem impressão. Isso indica que em alguma parte do processo de impressão há uma partícula, uma sujeira que está impedindo que a tinta chegue ao papel naquele ponto específico.

Neste caso, é preciso verificar chapas, rolo, molhador e outros componentes da máquina de impressão e realizar sua limpeza.

MARMORIZAÇÃO

Como o próprio nome diz, é quando o material impresso fica com efeito marmorizado. Isso acontece quando uma área chapada não tem uma cor uniforme, apresentando "manchas".

Em geral, esse problema ocorre quando o papel não tem uma superfície uniforme, causando uma ancoragem diferente por toda a superfície; quando os rolos de tinta estão regulados com pressão inadequada; ou quando há um desgaste de blanqueta. Para resolver este problema, é necessário analisar diversos fatores, até encontrar a causa.

DECALQUE

Acontece quando a tinta de uma folha de papel impressa é transferida para a folha subsequente na pilha de impressão, ou seja, quando as folhas impressas sujam de tinta as folhas que vão caindo na pilha, posteriormente à sua impressão. Para resolver esse problema, é preciso verificar se a tinta utilizada está secando adequadamente, se o manuseio das folhas da pilha de impressão está sendo feito corretamente, se o pó antidecalque utilizado está sendo suficiente, entre outras checagens.

Uma alternativa para garantir que não aconteça o decalque por fricção no material já finalizado é a utilização de um verniz prime, em especial no caso do couché fosco. O verniz prime não costuma alterar as características da cor impressa e garante que a informação impressa em uma página não seja transferida para outra no seu manuseio, por exemplo.

TRAPPING

Acontece quando, na sobreposição de cores, uma tinta não aceita a outra. Esse problema pode acontecer por alguns motivos, como: tack das tintas, viscosidade inadequada da tinta, aditivos que possam causar rejeição entre as tintas impressas, entre outros.

Assim, será preciso avaliar qual o problema que está causando o trapping:

- Caso seja o tack das tintas, será preciso reavaliar a sequência das tintas que foi definida. O tack deve ser determinado pela pegajosidade das tintas, que deve sempre ser 2 a 4 pontos menor em relação à da próxima a ser impressa.

- Se o problema for a rejeição entre as tintas, será necessário consultar o fabricante da tinta para saber se há alguma restrição quanto ao uso de aditivos ou outros que possam causar esse tipo de complicação.

- Se o problema for a viscosidade, é preciso observar as tintas utilizadas – assim como o tack, a viscosidade das tintas deve ser menor a cada nova cor impressa.

PÓS-IMPRESSÃO:
O "NASCIMENTO" DO PRODUTO GRÁFICO

Chegamos à última etapa do processo gráfico, a pós-finalização, ou o acabamento. É o momento de enobrecimento do material gráfico, conferindo ao produto sua apresentação definitiva.

ACABAMENTO

Nessa etapa, o material pode passar por diversos processos que o deixarão mais resistente e bonito. Alguns acabamentos, como o empastamento de capa dura, a inserção de uma lâmina de acetato ou de tecido entre as páginas de um livro, entre outros, exigem certo cuidado e podem ser executados à mão, mas a maior parte deles é feita de forma automatizada, por meio de máquinas, e a indústria gráfica conta com diversas possibilidades.

Nem todas as gráficas dispõem de uma área específica de acabamento, e muitas vezes esse serviço pode ser terceirizado. Esse processo pode envolver diversos profissionais e departamentos, responsáveis pelo controle de qualidade, manuseio, criação das facas, clichês e muitos outros – tudo vai depender do tipo de acabamento que a peça exigirá.

A seguir, listamos os principais acabamentos utilizados atualmente.

REFILAMENTO

Quase todos que trabalham na área de comunicação já ouviram falar de refile, que nada mais é do que um corte feito por uma guilhotina, específica para cortes retos.

O refile é necessário porque a impressão realizada em papel é feita em uma folha ou bobina maior do que o tamanho final do produto. Assim, para que o material chegue a seu tamanho final, é preciso passar pelo refile, e é por isso que todo arquivo fechado para envio à gráfica deve conter marcas de corte.

DOBRA

As dobras cumprem diversos objetivos em um material impresso e em geral mudam o formato do produto final – um fôlder com formato aberto A3, quando recebe uma dobra central, passa a ter o formato A4.

A dobra é muito utilizada em papéis com gramatura de até 150 g/m². Para gramaturas maiores, o recomendado é utilizar o vinco, para então dobrar o papel.

Existem diferentes tipos de dobra possíveis e a escolha deve levar em consideração alguns pontos, como a função do material que está sendo criado e a ordem de leitura ou visualização.

De toda forma, o certo é que, ao optar pelo uso da dobra, é preciso atentar-se a alguns cuidados:

1) As dobras são feitas mecanicamente e, nesse processo, pode haver uma variação na máquina de 2 mm a 3 mm. Assim, se o seu material prevê textos e imagens, para que a informação fique fora da área de dobra é necessário utilizar uma margem de segurança de 5 mm da caixa de texto ou da imagem até o local da dobra.

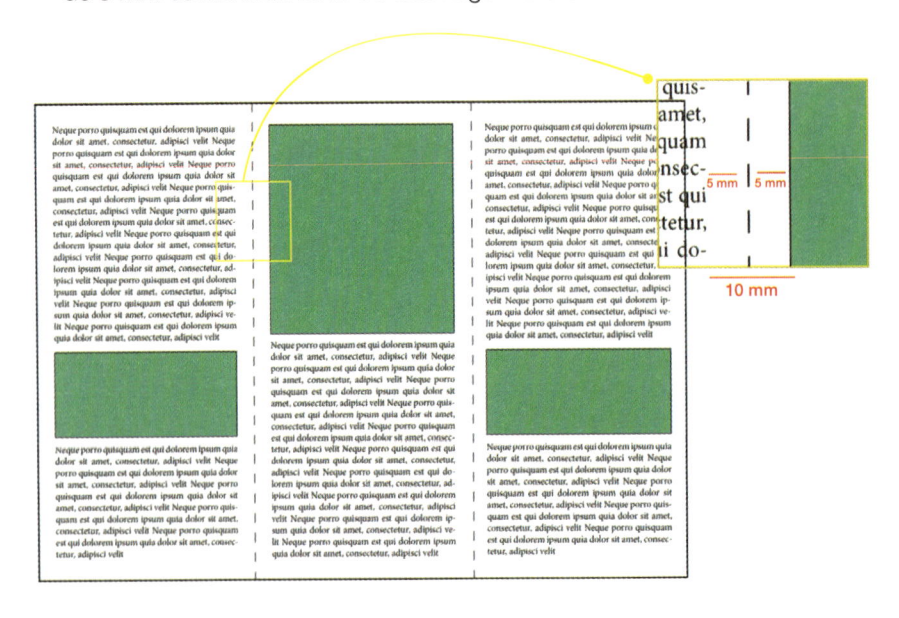

Para se certificar de que as informações não estão nas áreas de dobra, o correto é montar um boneco da publicação.

2) Para materiais com mais de uma dobra, é preciso atenção também ao formato de cada página. Por exemplo, vamos pensar em um fôlder com formato aberto de 21 cm × 29,7 cm e fechado de 21 cm × 10 cm. Para um acabamento final perfeito, uma das páginas precisará ser menor, para que não atrapalhe a dobra, como ilustrado a seguir:

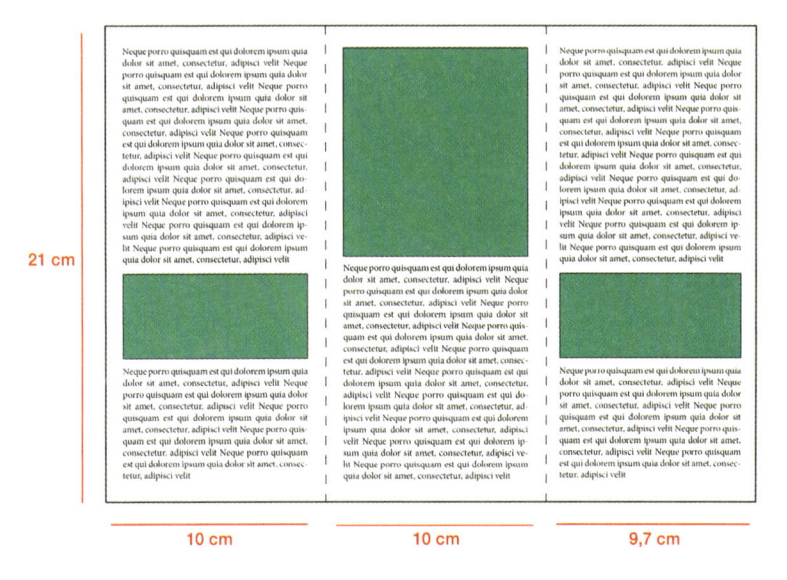

21 cm

10 cm | 10 cm | 9,7 cm

Veja a seguir alguns tipos de dobra:

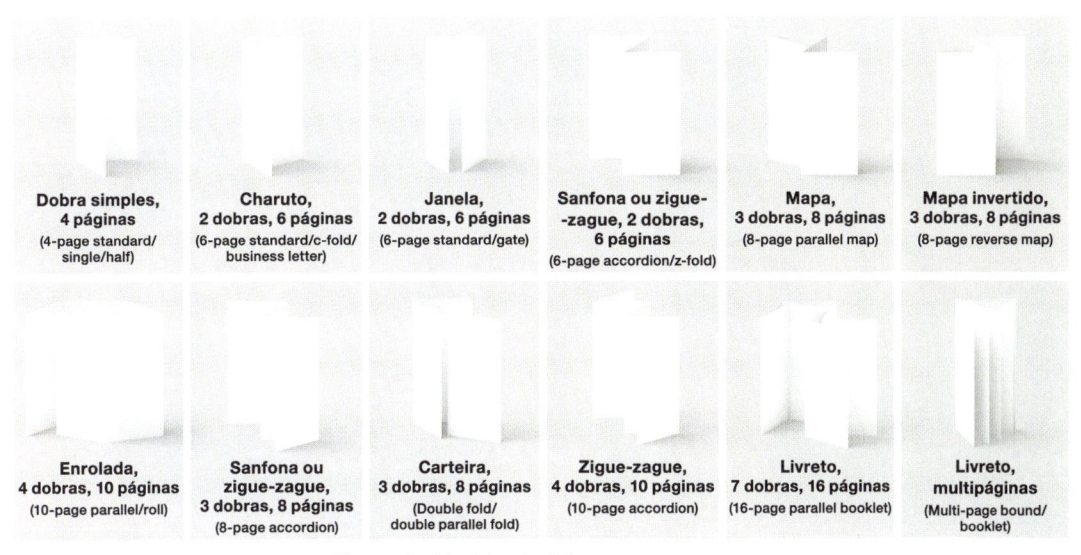

Dobra simples, 4 páginas
(4-page standard/single/half)

Charuto, 2 dobras, 6 páginas
(6-page standard/c-fold/business letter)

Janela, 2 dobras, 6 páginas
(6-page standard/gate)

Sanfona ou zigue-zague, 2 dobras, 6 páginas
(6-page accordion/z-fold)

Mapa, 3 dobras, 8 páginas
(8-page parallel map)

Mapa invertido, 3 dobras, 8 páginas
(8-page reverse map)

Enrolada, 4 dobras, 10 páginas
(10-page parallel/roll)

Sanfona ou zigue-zague, 3 dobras, 8 páginas
(8-page accordion)

Carteira, 3 dobras, 8 páginas
(Double fold/double parallel fold)

Zigue-zague, 4 dobras, 10 páginas
(10-page accordion)

Livreto, 7 dobras, 16 páginas
(16-page parallel booklet)

Livreto, multipáginas
(Multi-page bound/booklet)

Figura 1 – Modelos de dobra.

VINCO

O vinco é feito com lâminas cegas ou arredondadas e tem como objetivo orientar as dobras previstas no material, de forma que fiquem retas e bem-acabadas. O vinco contribui também para que papéis de maior gramatura não se "quebrem"; é uma pré-dobra.

Este tipo de acabamento é muito utilizado para materiais que são entregues ao cliente em formato aberto, para que ele dobre à medida que for utilizando, como cardápios, embalagens, etc., ou seja, o material é entregue totalmente finalizado, mas não dobrado, apenas vincado para ser dobrado quando necessário.

CORTE OU FACA ESPECIAL

Se o refile produz apenas cortes retos, quando o material requer um corte diferente da linha reta é preciso recorrer ao que chamamos de corte ou faca especial.

Diferentemente do refile, com a faca especial seu projeto pode ter um corte com curvas, janelas, com o formato de um objeto, de um animal, de uma planta... não há limite! Mas é preciso estar atento à executabilidade da faca proposta, por isso testar a faca no suporte em que o trabalho será impresso é fundamental e garante o sucesso do resultado final.

Para além de possibilitar um corte diferenciado, a faca especial é também utilizada para fazer meio corte, vinco e serrilha.

MEIO CORTE

Como o próprio nome diz, esse tipo de corte não recorta ou refila inteiramente o material gráfico, e você já se deparou com ele muitas vezes.

Esse acabamento é utilizado para materiais como adesivos e etiquetas, em que é necessário criar uma área de manuseio que possibilite às pessoas retirarem o adesivo ou a etiqueta sem dificuldade.

GRAMPO

Muitos materiais de comunicação, como catálogos, revistas, broadsides, etc., fazem uso desse acabamento. Seu objetivo é manter juntas as lâminas ou cadernos impressos. Existem dois tipos de acabamento grampeado:

- canoa – quando os grampos são colocados na lateral do material impresso, como nas revistas;
- frente – quando são colocados na frente do material impresso, como nos talões de cheque.

COLAGEM

Materiais que precisam ser unidos para chegarem ao seu formato final demandam colagem ou fita dupla-face. São exemplos desses materiais os blocos, os envelopes, as embalagens, as lombadas de livros, os catálogos, entre outros.

COSTURA

A costura em geral é utilizada em materiais que precisam manter unido um volume grande de lâminas, como os livros com muitas páginas. Assim, antes de serem colados em suas capas, sejam elas duras ou flexíveis, os cadernos são costurados, proporcionando um acabamento durável para que as páginas não se soltem durante o manuseio.

INTERCALAÇÃO

A intercalação diz respeito a um processo em que é necessária a sobreposição de páginas em sequência numérica, como em livros, revistas, blocos numerados, etc. Neste caso, o material impresso é intercalado antes de ser encadernado.

PLASTIFICAÇÃO

A plastificação confere ao material gráfico mais resistência e durabilidade, além de valorizar a peça. Como se trata de um revestimento à base de uma película plástica de polipropileno ou polietileno aplicada sobre o material impresso, cria também uma proteção contra a umidade. Muitas embalagens destinadas à geladeira e ao freezer, por exemplo, recebem esse tipo de acabamento.

VERNIZ TOTAL

Trata-se de um revestimento em verniz UV (ultravioleta), aplicado sobre toda a superfície do material impresso, que proporciona um alto brilho e proteção à peça.

VERNIZ LOCALIZADO

Também conhecido como verniz de reserva, é muito utilizado em materiais em que a valorização do detalhe é importante. É feito a partir de um revestimento em verniz UV, mas, diferentemente do verniz total, é aplicado apenas em áreas específicas do material gráfico, com o objetivo de dar destaque a um elemento, como um logo, um título ou uma fotografia.

LAMINAÇÃO

Este tipo de acabamento consiste na aplicação de um plástico adesivo sobre toda a superfície do material impresso. Depois de aplicado, não pode mais ser retirado. Existem dois tipos de laminação:

- brilho – destinada a materiais em que o objetivo é ter cores vivas, já que esse tipo de laminação realça o colorido;
- fosca – destinada a materiais que demandam mais elegância e nobreza. Gera agradabilidade ao toque, proporcionando uma sensação aveludada.

É muito importante ter em mente que a laminação em geral traz pequenas alterações para a cor do material impresso.

VERNIZ TEXTURIZADO

Tipo de acabamento sensível ao toque. Pode trazer a sensação de aspereza ou de maciez. O verniz texturizado enobrece o material gráfico e é muito utilizado quando o objetivo é trazer uma experiência diferenciada para o público.

MICROENCAPSULADO COM CHEIRO

Trata-se de uma técnica de encapsulação de uma partícula ou molécula do meio externo por uma barreira material, durante determinado tempo. Esse microencapsulado é aplicado sobre o material impresso e funciona como uma "raspadinha": ao raspar o local onde ele foi aplicado, pode-se sentir o aroma de um perfume, de uma comida, de uma fruta, etc.

HOT STAMPING

Diz respeito à aplicação de uma estampa por meio de calor. Confere à área estampada um efeito metalizado. O mercado oferece diversas cores de película, mas as mais utilizadas são a dourada e a prateada. Para sua aplicação é necessária a confecção de um clichê, no formato da estampa a ser transferida.

RELEVO SECO

Para esse tipo de acabamento são necessários um molde e um contramolde, com a aplicação de imagem, logotipo, palavra ou elemento que se deseje destacar. A transposição para o papel ocorre por meio de batida e pressão, criando assim um relevo no formato do elemento escolhido, que pode ser percebido pelo olhar e pelo tato.

O relevo seco demanda a utilização de papéis mais resistentes para que no processo de batida ele não seja rompido.

RELEVO AMERICANO

Este tipo de acabamento não é realizado por meio de pressão, mas pode ser obtido pela aplicação de uma camada de resina sobre a área a ser destacada, que, ao ser submetida ao calor, expande-se, criando assim um alto-relevo sobre o material.

CAPA DURA

Acabamento feito em livros cuja encadernação da capa é de papelão (normalmente papel Paraná) coberto por tecido ou outro tipo de papel, couro ou materiais sintéticos, que são empastados com cola branca sobre a superfície do papelão. O processo de empastamento pode ser manual ou mecânico. Nesse tipo de encadernação, os cadernos são costurados e, na lombada quadrada formada pela costura, aplica-se uma tela que servirá de base para a colagem da capa dura. Esta será fixada na guarda, a qual em geral é feita com um papel mais resistente, tendo como única função unir o miolo à capa.

CAPA FLEXÍVEL/BROCHURA

Neste tipo de acabamento, o miolo do livro pode ou não ser costurado, mas, diferentemente da capa dura, nesse processo o miolo, em geral, é colado diretamente na capa, sem a utilização de guardas. A capa costuma ser feita com um papel resistente e com maior gramatura, como o Duo Design.

LOMBADA

Projetos que contemplem a união de cadernos precisam necessariamente de lombada, que manterá todas as páginas unidas.

Os tipos de lombada mais utilizados são a quadrada e a canoa, mas há também a lombada redonda:

- Quadrada – geralmente utilizada em livros que têm seu miolo costurado e colado (ou somente colado) e fixado na capa do livro. Nesse tipo de lombada, em geral, aplica-se uma tela (cabeceado), que nada mais é do que um pedaço de tecido para a fixação do miolo na capa do livro ou da revista.

- Canoa – mais comum em revistas, nas quais temos os cadernos dobrados e na dobra são aplicados grampos.
- Redonda – tem seu miolo costurado e colado (ou somente colado), mas mantém um formato mais arredondado, diferentemente da lombada quadrada, que é reta. É muito utilizada como forma de valorizar a estética do projeto.

ESPIRAL

Tipo de encadernação utilizada para unir folhas soltas. Neste processo, todas as folhas são perfuradas (furo redondo) e unidas por uma espiral, que pode ser de plástico ou de metal, e de diversas cores.

WIRE-O

Tipo de encadernação muito parecida com a espiral. Também é utilizada para unir folhas soltas perfuradas, mas esse tipo de acabamento é mais elegante: os furos são quadrados ou retangulares e a encadernação das páginas é feita por meio de garras de metal com anel duplo.

SUSTENTABILIDADE:
ISSO EXISTE NO UNIVERSO GRÁFICO?

Antes de entrar no tema deste capítulo e até para melhor compreensão do que será abordado, algumas definições são importantes:

Sustentabilidade
Substantivo feminino
Conceito que, relacionando aspectos econômicos, sociais, culturais e ambientais, busca suprir as necessidades do presente, sem afetar as gerações futuras.
Qualidade ou propriedade do que é sustentável, do que é necessário à conservação da vida. (Dicionário Aurélio)

Conceito de sustentabilidade
Em junho de 1972, em Estocolmo, foi utilizado pela primeira vez o termo "sustentabilidade", mas foi em 1992, durante a realização da Rio-92, que o conceito de desenvolvimento sustentável foi consolidado, passando a ser entendido como um desenvolvimento a longo prazo, de maneira a não exaurir os recursos naturais utilizados pela humanidade.

Ao longo dos anos, a sustentabilidade vem se consolidando nas mais diversas áreas, como economia, educação e cultura, e também no dia a dia das pessoas, que passaram a ter um olhar diferente sobre o tema, desde a reciclagem do lixo caseiro até a opção por empresas atentas às necessidades ambientais.

Claro, ainda há muito que evoluir, mas o olhar mais criterioso do público (que hoje tem acesso muito maior à informação) fez com que empresas e marcas percebessem a importância de adotar práticas mais sustentáveis, já que a decisão de compra passa agora por mais esse crivo.

Hoje, trabalhar na busca de alternativas sustentáveis tornou-se uma preocupação de todos: do governo, dos investidores, dos consumidores e de todos os setores da economia. Na indústria gráfica isso não é diferente, tampouco uma opção: práticas sustentáveis podem inclusive definir a continuidade ou não de uma empresa.

INDÚSTRIA GRÁFICA × SUSTENTABILIDADE

Assim como todos os segmentos, a indústria gráfica também foi afetada pela pandemia do coronavírus. Atualmente, o Brasil conta com mais de 17 mil gráficas e emprega mais de 170 mil pessoas, segundo dados da Abrigraf Nacional (2021).

Muito embora alguns insumos tenham tido sua composição alterada, como a tinta, que não leva mais chumbo em sua composição, o setor ainda se utiliza de produtos químicos, como vernizes, silicones, aditivos, solventes, entre outros, que, durante o processo de produção, acabam gerando resíduos sólidos, efluentes líquidos e emissões atmosféricas que podem afetar o meio ambiente. Assim, a adoção de iniciativas sustentáveis e de produção mais limpa (P + L) no setor gráfico é inadiável e se dá por meio de gestão ambiental, com ações preventivas e corretivas.

> **PRODUÇÃO MAIS LIMPA (P + L)** → trata-se da aplicação contínua de uma estratégia ambiental integrada e preventiva a processos, produtos e serviços, com a finalidade de aumentar a eficiência e reduzir riscos oferecidos aos seres humanos e ao meio ambiente (WERNE; BACARJI; HALL, [s. d.]).
>
> **AÇÕES CORRETIVAS** → relacionadas ao tratamento dos poluentes gerados no fim dos processos, englobando, além do tratamento, o descarte sustentável dos resíduos gerados em gráficas.
>
> **AÇÕES PREVENTIVAS** → dizem respeito a medidas que vão além das obrigações legais e demandam mudanças na forma de proceder de toda a estrutura da empresa, da alta direção aos empregados, como a redução de desperdícios, a conservação dos recursos naturais, a redução de poluentes, entre outras.

A adoção de ações corretivas e preventivas impacta diretamente a sobrevivência e saúde financeira do setor gráfico e, atualmente, passou a ser uma exigência de alguns setores. Isso porque muitas empresas consumidoras de materiais gráficos, de agências de comunicação a grandes montadoras de veículos, assumem diante de seus públicos – e, em alguns casos, diante do governo – o compromisso de adotar medidas sustentáveis, e para cumpri-las os fornecedores dessas empresas também precisam estar aptos. Portanto, para se enquadrar nessas diretrizes, as gráficas precisam não só estar alinhadas às políticas ambientais, como possuir diversas certificações.

São algumas das ações e medidas adotadas pelas gráficas atualmente:

- utilização de recursos renováveis;
- redução de emissões atmosféricas – controle de compostos orgânicos voláteis (VOCs) que evaporam de solventes, tintas, vernizes ou adesivos;
- automatização de processos;

- obtenção de certificações ISO – ISO 17098 (sobre substâncias e materiais que podem impedir a reciclagem), ISO 14001 (sobre sistemas de gestão ambiental), ISO 16759 (sobre o cálculo da pegada de carbono referente a processos de impressão), ISO 14040 (sobre gestão ambiental – avaliação de ciclo de vida – princípios e estruturas) e ISO 14024 (sobre os rótulos e as declarações ambientais – rotulagem);

- obtenção do selo FSC (Forest Stewardship Council), criado como uma forma de controle das práticas produtivas que vêm das florestas, por meio da valorização dos produtos que apoiam o manejo florestal responsável da matéria-prima. O FSC é hoje o selo verde mais conhecido e apoiado no mundo, presente em 75 países e em todos os continentes;

- coleta, uso e descarte de resíduos de forma ambientalmente correta;

- conscientização de todo o quadro de trabalhadores sobre a responsabilidade social.

Já se foi o tempo em que pensar no futuro do planeta e nas futuras gerações era uma realidade distante. Práticas e atitudes sustentáveis passaram a ser ações integrantes do dia a dia de todos, e não se trata apenas de "fazer bonito", mas de garantir a sobrevivência; essas ações impactam diretamente a existência e o crescimento de qualquer empresa, independentemente de seu segmento. Na indústria gráfica, trabalhar para que todas as ações mencionadas sejam implementadas não é só possível, como determinante para o sucesso.

CONCLUSÃO

Com a leitura deste livro, você pôde perceber que o processo gráfico é composto por diversas etapas, e ter ciência de toda essa dinâmica é muito importante para que o produto final atinja o resultado desejado.

Obter domínio dessa área requer muito estudo e também muita prática, uma vez que grande parte dos aprendizados não são ensinados em cursos, só podem ser vividos no dia a dia do ambiente gráfico – como aprender, por exemplo, a detectar um problema de impressão causado pelo ganho de ponto.

Podemos dizer ainda que o conhecimento do profissional de produção gráfica ultrapassa o universo gráfico. Como vimos, a adoção de práticas sustentáveis é um tema cada dia mais presente e, para poder trazer soluções para os projetos que estão sendo executados, é preciso estar atento às atuais práticas ambientais, a empresas que estejam buscando soluções sustentáveis.

Mesmo nesse momento em que o consumo de conteúdo digital vem aumentando, o material gráfico continua e continuará presente em nossas vidas e, para que a entrega desses materiais atenda cada vez mais às expectativas de clientes e consumidores, a participação do produtor gráfico nessa cadeia produtiva não é apenas fundamental, mas indispensável.

DICAS DE PROFISSIONAIS DA ÁREA

Para complementar, aqui vão algumas dicas de diversos profissionais da área de comunicação e gráfica que podem ser úteis.

- O calço é uma técnica que tem como finalidade intensificar uma cor de fundo 100% preto, no padrão CMYK, evitando falhas de impressão e melhorando assim sua reprodução. A cor mais utilizada para calçar o preto é o ciano – em geral, adota-se a proporção 40% ciano e 100% preto. Outras cores também podem ser utilizadas, principalmente se o objetivo final for proporcionar a sensação de um preto "quente" – nesse caso, o uso de cores como o magenta ou uma cor especial pode cumprir essa função.

- Com o avanço tecnológico, vieram algumas soluções que trouxeram facilidades para a área gráfica. Um exemplo é a impressão 3D, que hoje ajuda muito no desenvolvimento de protótipos e na produção de brindes. *Rodrigo Merigue, produtor gráfico.*

- Se possível, nunca amplie uma imagem em mais do 20% de seu tamanho original, pois isso diminui a resolução da imagem.

- Para quem trabalha bastante com imagem e não quer ter surpresas na hora de ver o material impresso, uma dica simples: quando estiver usando o Photoshop para tratar suas imagens em RGB, um modo rápido de visualizar o que vai acontecer quando essas imagens forem convertidas é usar o preview em CMYK. Ao utilizar os atalhos *Command + Y* (MAC) ou *Ctrl + Y* (PC), é possível ter uma ideia de como a imagem vai se comportar na hora da conversão. *Clésio Teixeira, arte-finalista.*

- As fontes convertidas em curva passam a ser um objeto gráfico, o que possibilita sua ampliação ou redução sem distorção. Por outro lado, deixam de ser editáveis, não sendo mais possível alterar as palavras ou frases convertidas.

- Recebeu um *feedback* do cliente de que peças impressas de uma mesma campanha estão com cores diferentes? Lembre-se de que, ainda que os materiais sejam impressos sobre um mesmo substrato (ex.: papel), gramaturas diferentes, tipos diferentes, alvuras diferentes ou acabamento com verniz interferem diretamente no resultado. *Clésio Teixeira, arte-finalista*.

- Para evitar filetes na cor preta em torno de textos aplicados em fundo com cor, habilite a função overprint no momento do fechamento do arquivo. Em alguns programas de editoração eletrônica, como o InDesign, a função overprint em textos com 100% de preto é default. Agora, se o texto for colorido, use a função trapping, recurso que expande automaticamente os contornos das cores chapadas de planos sucessivos, criando a superposição intencional de uma na outra, para evitar o aparecimento de filetes brancos.

- O material impresso saiu com baixa resolução. Se você conferiu o seu material antes de enviá-lo à gráfica, muito provavelmente aquele arquivo em baixa que foi enviado ao atendimento ou ao cliente para aprovação também foi enviado para a gráfica em algum momento. Por isso, adquira o hábito de nomear seus arquivos de baixa resolução com o complemento "_baixa". Desse modo, a probabilidade de a gráfica usar o arquivo errado diminui. *Clésio Teixeira, arte-finalista*.

- Se o seu projeto apresentar grandes áreas com fundos chapados, dê preferência ao uso de uma cor especial, se possível. Fundos chapados feitos a partir de composição de cores podem apresentar manchas em sua extensão.

- Evite usar fontes ou fios muito finos com cores combinadas, pois assim você evita problemas de registro. Se o uso de fontes e fios finos coloridos forem essenciais para o projeto gráfico, dê preferência a uma cor especial.

- Vai produzir algum material em brochura ou grampeado? Nunca se esqueça de conferir se a quantidade de páginas é um múltiplo de quatro. *Clésio Teixeira, arte-finalista*.

- Produzir um boneco de um projeto no formato original, além de ser útil para verificar a paginação, é muito importante para a aprovação do cliente, a fim de que sejam conferidos os cortes, o espelhamento, entre outros aspectos. Portanto, faça sempre um boneco antes da impressão. No caso dos livros com grande quantidade de páginas, com lombada quadrada, capa dura, guarda, etc., um boneco com os mesmos materiais do produto final é realmente imprescindível, porque demonstrará com clareza se o material a ser produzido é viável ou se é necessário fazer algum ajuste.

- A produção gráfica não se resume a papel. Portanto, quando falamos de sustentabilidade, precisamos entender que hoje existem opções para diversos tipos de matéria-prima, como tecido, madeira, tinta, etc. *Rodrigo Merigue, produtor gráfico*.

MATERIAIS PUBLICITÁRIOS, PONTO DE VENDA (PDV) E COMUNICAÇÃO

ADESIVO — Pode ser aplicado em diversas superfícies, como portas, checkouts, vidros, chão, entre outras, trazendo informações objetivas a respeito de uma promoção, serviço ou ação. Pode ter também finalidade decorativa.

BACKDROP — Painel modular e de fácil transporte que pode ser utilizado em evento, coletivas de imprensa, promoções em PDV, entre outras ocasiões. Seu objetivo é criar um fundo para fotos ou entrevistas, com informações relevantes sobre a ação que esteja sendo trabalhada. Muitas vezes, leva apenas um logo.

BANNER DIGITAL — É um espaço reservado para os anúncios nos sites. Pode ser composto por uma imagem fixa ou por uma animação. Para obter mais informações sobre o anúncio, o usuário precisa clicar sobre o banner.

BANNER IMPRESSO — Impresso de grande formato, que deve ter comunicação rápida e atrativa. Possui formatos diversos, como 1,20 m × 1,80 m, 0,80 m × 2,0 m, entre outros, e apresenta diferentes modelos, mas em geral os mais utilizados são o tradicional (banner pendurado em um tripé) e o roll-up. É desmontável e fácil de transportar.

BÓTON — Trata-se de um broche, muito utilizado em ações promocionais e publicitárias, com aplicação de um logo, de uma ilustração ou de um elemento que remeta a uma campanha da qual faça parte.

CARTAZ — Material impresso de grande formato, com imagens e textos, destinado a ser aplicado em locais públicos para divulgar uma ação, um produto, um serviço ou um evento.

DISPLAY — Material que tem por objetivo trazer informações sobre uma ação, um serviço ou uma promoção. Pode ser feito em diversos materiais: papelão, acrílico, MDF, entre outros.

ENCARTE — Material de cunho publicitário ou promocional encartado em jornal ou revista, que tem por objetivo dar ênfase a um produto, a um serviço ou a uma promoção.

cont. »

FAIXA DE GÔNDOLA	Material impresso em diferentes suportes, como duplex, PS e outros, para aplicação em gôndolas de supermercado.
FAIXA	Material impresso que pode ser fixado em local interno ou externo (na rua, por exemplo). Deve conter comunicação rápida – textos curtos e objetivos. Sua principal característica é seu formato retangular. Em geral, seu acabamento é feito com madeira e fio de *nylon* para fixação.
FOLHETO OU VOLANTE	Tipo de material gráfico, de pequena dimensão, composto de apenas uma página, sem dobra, geralmente impresso em somente uma das faces, com o objetivo de divulgar uma ação, uma promoção ou um evento.
FLYER	Pode-se dizer que é uma versão mais refinada do panfleto, feito com papel mais sofisticado e recursos estéticos mais elegantes.
GARGALHEIRA	Material impresso geralmente utilizado em bebidas ou produtos de limpeza para destacar uma marca, uma promoção ou um benefício que esteja sendo oferecido.
MÓBILE	Material de comunicação com informações objetivas a respeito de um produto ou promoção, que em geral é fixado no teto de um PDV com fios de *nylon*.
PRESS KIT	Como o próprio nome diz, trata-se de um kit destinado à imprensa com materiais diversos, como release, pen drive com conteúdo informativo, fôlder e outros materiais de divulgação sobre um produto ou um serviço.
STOPPER	Material fixado em gôndolas e prateleiras de PDVs. É geralmente feito em papel ou plástico e tem por objetivo destacar um produto ou promoção.
WOBBLER	Material muito utilizado no PDV. Seu formato mais tradicional é o redondo e, em geral, é produzido em plástico. Assim como o stopper, visa destacar um produto ou promoção; a diferença é que, por suas características estéticas e material de produção, o wobbler parece estar flutuando.

ESTRUTURA DE UM LIVRO

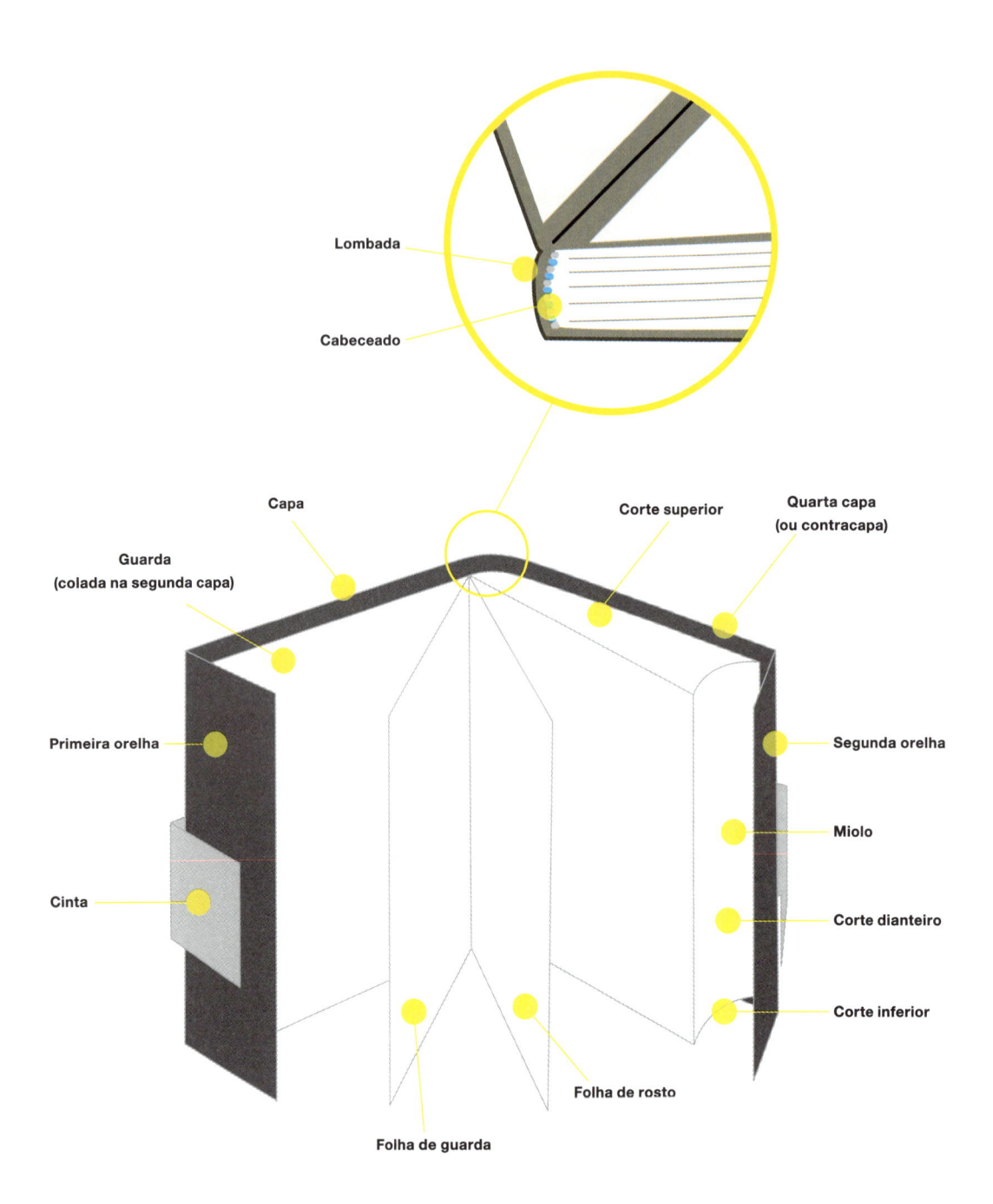

- Lombada
- Cabeceado
- Capa
- Corte superior
- Quarta capa (ou contracapa)
- Guarda (colada na segunda capa)
- Primeira orelha
- Segunda orelha
- Miolo
- Cinta
- Corte dianteiro
- Corte inferior
- Folha de rosto
- Folha de guarda

CAPA → envoltório de um livro ou revista, que tem por objetivo proteger seu conteúdo. É onde se aplica o título, o nome do autor e da editora. A capa é a "vitrine" da obra, e o seu layout é muito importante, porque atrai a atenção do leitor, em meio a tantos outros livros de uma livraria.

LOMBADA → seu objetivo é manter todas as folhas do livro unidas. Pode ser grampeada, colada ou costurada. Na parte externa da lombada, normalmente são inseridos o nome do livro, do autor e da editora. É também uma "vitrine" da obra, quando está exposta em uma prateleira.

QUARTA CAPA ou **CONTRACAPA** → é a parte de trás da capa, local onde normalmente se insere a sinopse da obra.

MIOLO → corresponde ao conjunto de todas as páginas de um livro ou revista.

GUARDA → é a folha que une, geralmente por meio de colagem, o miolo e a capa.

FOLHA DE GUARDA → são as páginas coladas à guarda, que ficam entre a capa ou contracapa e o miolo do livro.

PRIMEIRA ORELHA → prolongamento da capa, onde se aplica um breve texto sobre o conteúdo da obra, muitas vezes utilizada pelo leitor para marcar a página da última leitura.

SEGUNDA ORELHA → prolongamento da contracapa. Nela geralmente se insere uma breve apresentação do autor.

FOLHA DE ROSTO → parte do livro que traz as principais informações sobre a obra: título, nome do autor, do tradutor, caso haja, e da casa editorial.

CINTA → tira feita geralmente de papel, aplicada sobre a capa do livro, trazendo informações, como o preço da publicação. Em uma obra formada por mais de um volume de livros ou revistas, a cinta pode ter também a função de manter todos os volumes unidos.

CABECEADO → pedaço de tecido colorido que serve como proteção do miolo e é colado nas bordas superior e inferior internas da lombada.

CORTE SUPERIOR, **DIANTEIRO** e **INFERIOR** → são as partes que visualizamos do miolo quando o livro se encontra fechado.

ALCEAMENTO É o agrupamento de folhas ou cadernos na sequência adequada para que as páginas fiquem na ordem correta antes da encadernação.

ALIASING Também chamado de jaggies. Ocorre quando há um excesso de contraste entre os pixels vizinhos em uma imagem; é o mesmo que serrilhado ou pixelizado.

ALL-TYPE Refere-se a qualquer material impresso apenas com frases escritas, sem apresentar ilustrações.

ALTA-LUZ Do inglês "highlight". Refere-se às áreas mais claras de uma imagem.

ALTO-CONTRASTE É um efeito utilizado na fotografia para eliminar os meios-tons, deixando apenas os contornos em preto e branco ou nas cores dominantes.

ÂNGULO DE RETÍCULA Ângulo no qual as retículas são posicionadas em relação às outras, respeitando padrões internacionais.

ANTI-ALIASING Recurso utilizado para suavizar a transição de cor de um bitmap, diminuindo o serrilhado.

ARQUIVO ABERTO É o arquivo em formato nativo, que só pode ser conferido utilizando-se o software em que foi criado. Logo, arquivos com extensão .ai só podem ser abertos pelo Adobe Illustrator; arquivos com extensão .psd só podem ser abertos pelo Adobe Photoshop, e assim por diante.

O arquivo aberto é passível de edição e, para tanto, precisa estar acompanhado de todos os links (ou vínculos) utilizados para sua criação – fontes, imagens, logotipo, entre outros.

ARQUIVO FECHADO É o arquivo que normalmente é enviado à gráfica para ser utilizado na geração de chapas e posterior impressão; não pode ser editado.

ARTE-FINAL Versão final da arte, diz respeito ao trabalho em sua forma definitiva, pronto para ser impresso.

ASCII (character set) American Standard Code for Information Interchange (ASCII) é o padrão no qual se baseia a maioria das fontes, limitado a 128 caracteres, podendo ser estendido até 256.

ATM (Adobe Type Manager) Software criado pela Adobe que melhora a qualidade das fontes na tela, tendo também a função opcional de gerenciar as fontes instaladas.

BENDAY Aplicação de retícula, em porcentagens de 5% a 95%, no fundo ou em partes de um trabalho gráfico, para dar uma tonalidade cinza ou colorida.

BÉZIER Tipo de curva utilizado pelos programas de desenho vetorial e que determinará como os pontos se comportarão ao serem ampliados ou reduzidos.

BOBINA Rolo contendo uma tira contínua de papel ou plástico; utilizada em máquinas rotativas.

BONECA OU BONECO Projeto que simula o material a ser produzido, o livro, a revista, etc. Pode ser feito em escala normal, ampliada ou reduzida. Seu objetivo, para além da aprovação com o cliente, é eliminar possíveis dúvidas de montagem e acabamento.

CAD (Computer-Assisted Design and Drafting) Tecnologia usada para desenhar com precisão em aplicações para engenharia, arquitetura e indústria.

CADERNO União de páginas em blocos, costuradas ou coladas, que formarão a publicação final. Cada caderno é sempre formado por folhas planas de quatro páginas ou múltiplos de quatro.

CHAPADO Trabalho gráfico com fundo uniforme de uma única cor (100%). Na área gráfica, diz respeito também a áreas que são cobertas com uma ou mais cores sólidas.

COLORSYNC Software de gerenciamento de cor, desenvolvido pela Apple, que possibilita a calibração e padronização de cores em monitores, scanners e impressoras. Cada dispositivo tem um perfil ICC, documento que contém uma descrição de como ele faz a representação das cores.

CONTA-FIOS Lente de aumento utilizada para diversos fins: avaliar a qualidade dos pontos meio-tom, cromos, negativos, registro de impressão, etc.

CPM Custo por mil.

DTP (Desktop Publishing) Recursos digitais utilizados para a criação de peças gráficas.

EMBEDDED FONTS Fontes embutidas em um arquivo digital, no momento do fechamento do arquivo, para garantir que o material seja impresso de forma adequada.

ESCALA DE GRIS É uma tabela específica para a apresentação das diversas tonalidades de cinza possíveis entre o branco e o preto.

ESPELHADO Diz respeito a um anúncio ou fotografia que reproduz na página anterior e na posterior a mesma mensagem, ou seja, há o espelhamento da informação.

ESPELHO Tabela ou gráfico que mostra esquematicamente a distribuição de conteúdo de uma publicação página a página. Serve como modelo para visualizar os números de páginas editoriais e o posicionamento dos anúncios.

GAMA Define os níveis de contraste. Quanto maior o gama, maior/melhor será o contraste.

GAMUT Diz respeito à amplitude máxima de cores que cada sistema pode reproduzir. Para cada meio – filmes, vídeos, fotografias e impressão – há um determinado gamut, que é consideravelmente menor do que o espectro da luz visível.

GRAMATURA OU GRAMAGEM DO PAPEL Expressão utilizada para definir a espessura e o peso de uma folha de papel em gramas. Assim, quanto mais pesado for o papel, maior será a sua espessura.

GRAYSCALE Diz respeito à reprodução de uma imagem em tons de cinza, utilizando o preto e branco.

IMPOSIÇÃO Técnica de ajuste de páginas que permite a geração de chapas de acordo com o traçado estabelecido pela gráfica. Em geral, o trabalho de imposição de páginas é feito pela gráfica. Por isso, você pode manter a paginação normal de seu arquivo no processo de fechamento, sem se preocupar com o posicionamento dessas em relação à montagem dos cadernos.

INTERCALAÇÃO Ordenação de cadernos de um livro, revista, catálogo ou outros, na sequência correta, antes da aplicação de grampo, cola ou costura.

INTERPOLAÇÃO Refere-se ao aumento de pixels de uma imagem. No processo de ampliação, são criados pixels extras entre os originalmente existentes. É um recurso utilizado quando se faz necessário ampliar um original pequeno, por exemplo. Existem vários algoritmos (métodos matemáticos) para interpolar uma imagem. É importante ressaltar que a ampliação nunca deve ultrapassar 20% do formato original.

JAGGIES Ver "aliasing".

MOIRÉ Padrão de interferência não desejado que ocorre em virtude da justaposição de retículas com ângulos incorretos, causando um efeito visual de "ondas" ou "quadrados" onde se esperaria uma cor chapada, por exemplo. Esse padrão ocorre com maior frequência quando digitalizamos materiais já impressos e reutilizamos essa imagem digitalizada para ser reimpressa.

MONOCROMIA Impressão em uma só cor (ou em preto).

ORIGINAL Qualquer material usado como ponto de partida para reprodução. Pode ser um cromo, um opaco ou uma imagem digital.

PIXELIZAÇÃO Ver "aliasing".

PLOTTER A plotter já foi conhecida como traçador, um equipamento de impressão que tinha como principal função desenhar plantas de engenharia e de arquitetura. Hoje, a plotter digital se utiliza da tecnologia de jato de tinta, tem qualidade mediana e pode imprimir materiais em grandes dimensões, em diferentes suportes, como papel, vinil, etc. Na indústria gráfica, substituiu a prova heliográfica e é muito utilizada para a produção de um "boneco" de conferência, no qual se pode verificar elementos como: paginação, marca de corte e de dobra, disposição dos elementos, entre outros.

POSTSCRIPT Criada pela Adobe e utilizada pela maioria dos fabricantes de equipamentos profissionais de editoração eletrônica, trata-se de uma linguagem de descrição de páginas que preserva todas as características originais dos elementos gráficos (imagens e vetores) e de texto, tornando o arquivo perfeito para a geração de matrizes de reprodução.

PPD (PostScript Printer Description) Trata-se de um arquivo que contém configurações específicas para uma determinada impressora PostScript e que precisa ser instalado no computador para que sejam feitas impressões ou fechamentos de arquivos. Esses arquivos podem ser editados para melhor adaptação ao dispositivo, mas, na maioria das vezes, as opções são mantidas em default e especificadas/forçadas pelo RIP.

PREPRESS (pré-impressão) Envolve todas as ações realizadas antes do processo de impressão, abrangendo desde a digitalização de imagens até a gravação da matriz de impressão.

PROOF Prova de artes gráficas feita eletronicamente, muitas vezes no próprio equipamento de editoração eletrônica (workstation DTP) da agência.

PROVA CONTRATUAL Trata-se de uma prova produzida antes da impressão e que deve ser aprovada por todos os profissionais envolvidos e pelo cliente. Existem provas analógicas, como as antigas provas feitas a partir do fotolito, e as provas digitais, feitas a partir do arquivo digital. A prova contratual tem efeito de documento na discussão sobre a qualidade de materiais impressos e serve como diretriz de impressão para a gráfica.

QUADRICROMIA Sistema gráfico que separa as cores em retículas do amarelo, ciano, magenta e preto, permitindo que praticamente todas as cores sejam reproduzidas com a impressão dessas quatro.

RASTERIZAÇÃO Trata-se da conversão de um arquivo digital vetorial em um bitmap, chamado raster image.

REGISTRO Sinal gráfico que determina a posição correta da sobreposição de cada uma das quatro cores a serem impressas. Quando as marcas de registro não estão alinhadas, temos um material gráfico com falta de registro, o que quer dizer que as cores serão impressas em posições diferentes, não se encaixando como o previsto.

REVESTIMENTO DE PAPEL Também conhecido como coating (em inglês). Consiste em recobrir a superfície do papel com um tratamento à base de pigmentos, adesivos, vernizes, etc.

RIP (Raster Image Processor) Processo de decodificação que traduz as informações de layout de uma página de computador em uma linguagem de descrição de página na forma de pontos (retículas), suportada pelo dispositivo de impressão (fotolitos, chapas de impressão).

ROSETA Resultado visual das inclinações de retícula corretas. Não é visível a olho nu, e quanto maior a lineatura, mais difícil será de observar a roseta.

ROTATIVA Máquina impressora do sistema de rotogravura, alimentada por bobinas.

SELEÇÃO DE COR Na pré-impressão, é o processo em que o espectro de cores é simplificado em quatro cores básicas (CMYK).

SEPARAÇÃO DE COR Na pré-impressão, é a separação dos canais de cores (CMYK ou cores especiais), que vão corresponder a cada chapa de impressão a ser gravada.

SHRINK Processo de empacotamento em que um filme transparente envolve o material impresso, com o objetivo de protegê-lo.

SPOT COLOR Separação produzida para imprimir com tintas especiais. Uma spot color é separada como uma cor pura, produzindo uma nova chapa. Geralmente é utilizada para a impressão de cores extras, como prata, ouro ou qualquer outra pertencente a uma escala diferente, como a Pantone.

TINTA É formada pela combinação de resinas, solventes, pigmentos e aditivos. O pigmento dá a cor; o solvente, a viscosidade; os aditivos, o brilho, a opacidade e a consistência; já as resinas são responsáveis pela resistência química e física.

TONER Tinta composta de partículas finas de pó que possuem características eletrostáticas e que são atraídas eletromagneticamente. Utilizado pelas copiadoras e impressoras a laser, que fundem essas partículas à superfície do papel e fixam-nas com aplicação de alta temperatura. O toner é uma substância tóxica.

UV (ultravioleta) Radiação eletromagnética invisível ao olho humano, cujo comprimento de onda está compreendido na faixa do espectro eletromagnético entre 100 e 400 nanômetros. Na área gráfica, é utilizada na aplicação de acabamento em um impresso, na secagem de cobertura, nos vernizes UV, nas tintas UV, entre outros.

VERNIZ Trata-se de um acabamento superficial do impresso, que pode ter ou brilho ou textura fosca, com ou sem aroma.

VETOR Formato de imagem eletrônica que incorpora uma fórmula matemática de representação de arte em traço, linhas e áreas. Nesse formato, o arquivo criado pode ser ampliado ou reduzido, sem perda da qualidade.

WORKSTATION Estação de trabalho composta por computador, monitor e scanner, equipamentos necessários para que o profissional de editoração eletrônica possa atuar, funcionando como base operacional dos sistemas de DTP.

REFERÊNCIAS

ABRIGRAF NACIONAL. Números da indústria gráfica brasileira, set. 2021. Disponível em: http://www.abigraf.org.br/documents/320. Acesso em: 25 out. 2021.

ARNHEIM, R. **Arte e percepção visual**: uma psicologia da visão criadora. Santana de Parnaíba: Pioneira, 1986.

BAER, L. **Produção gráfica**. 3. ed. São Paulo: Editora Senac São Paulo, 2001.

BARBOSA, D. de O. **Guia técnico ambiental da indústria gráfica**. 2. ed. São Paulo: Cetesb: Sindigraf, 2009. Disponível em: http://www.setorgrafico.org.br/2%C2%AA%20Edi%C3%A7%C3%A3o%20do%20GUIA%20T%C3%89CNICO%20AMBIENTAL%20DA%20IND%C3%9ASTRIA%20GR%C3%81FICA.pdf. Acesso em: 23 fev. 2021.

BGD GRÁFICA DIGITAL. Qual a resolução ideal para cada caso? **Site institucional**. 2019. Disponível em: https://bgd.com.br/qual-a-resolucao-de-impressao-ideal-para-cada-caso/. Acesso em: 13 jul. 2021.

BRASIL ESCOLA. **Desenvolvimento sustentável**. [s. d.]. Disponível em: https://brasilescola.uol.com.br/geografia/desenvolvimento-sustentavel.htm. Acesso em: 26 out. 2021.

BEHRENDS, D. B. **Guia rápido de produção gráfica**. [s. d.]. Disponível em: https://docplayer.com.br/60788147-Guia-rapido-de-producao-grafica-daniela-barbosa-behrends.html. Acesso em: 23 fev. 2021.

CBL; SNEL; NIELSEN. **Conteúdo digital do setor editorial brasileiro (Ano-base 2020)**, jul. 2021. Disponível em: https://snel.org.br/wp/wp-content/uploads/2021/07/APRESENTACAO_-_Pesquisa_Conteudo_Digital_ano-base_2020.pdf. Acesso em: 28 set. 2021.

CESAR, N. **Direção de arte em propaganda**. Brasília: Senac Distrito Federal, 2006.

DECICINO, R. Desenvolvimento sustentável: como surgiu esse conceito? **UOL**, [s. d.]. Disponível em: https://educacao.uol.com.br/disciplinas/geografia/desenvolvimento-sustentavel-2-como-surgiu-esse-conceito.htm#:~:text=A%20ideia%20de%20desenvolvimento%20sustent%C3%A1vel,%2C%20na%20Su%C3%A9cia%2C%20em%201972. Acesso em: 7 maio 2021.

DONDIS, D. A. **Sintaxe da linguagem visual**. 3. ed. São Paulo: Martins Fontes, 2015.

FARINA, M. **Psicodinâmica das cores em comunicação**. 5. ed. São Paulo: Edgard Blucher, 2006.

FERNANDES, A. **Fundamentos de produção gráfica para quem não é produtor gráfico**. Rio de Janeiro: Livraria Rubio, 2003.

FRUTIGER, A. **Sinais & símbolos**: desenho, projeto e significado. 3. ed. São Paulo; Martins Fontes, 1999.

HURLBURT, A. **Layout**: o design da página impressa. Barueri: Nobel, 2002.

JANKE, M.; DEL-VECHIO, R. **O sistema de impressão do CMYK e Pantone® nos processos gráficos**: análise das cores do anúncio da Dove na Revista Nova. *In*: CONGRESSO DE CIÊNCIAS DA COMPUTAÇÃO NA REGIÃO SUL, 9., 2008, Guarapuava, 29-31 maio 2008. Disponível em: http://www.intercom.org.br/papers/regionais/sul2008/resumos/R10-0227-1.pdf. Acesso em: 25 out. 2021.

MACMANIA. Dicionário de DTP. Disponível em: https://www.terra.com.br/macmania/macmania/resenhas/resenhas_dtp.htm. Acesso em: 23 fev. 2021.

MEGGS, P. **A history of graphic design**. 5. ed. Hoboken: Wiley, 2007.

MORAIS, J. M. **Apostila de produção gráfica 2014**. Disciplina: Produção Gráfica. Faculdade de Comunicação e Artes – PUC Minas. Disponível em: https://www.academia.edu/34312726/Apostila_de_Produ%C3%A7%C3%A3o_Gr%C3%A1fica_2014. Acesso em: 23 fev. 2021.

MUNARI, B. **Das coisas nascem coisas**. 3. ed. São Paulo: Martins Fontes, 2015.

NIELSEN. **Conteúdo digital do setor editorial brasileiro**: ano-base 2020. 2021. Disponível em: https://snel.org.br/wp/wp-content/uploads/2021/07/APRESENTACAO_-_Pesquisa_Conteudo_Digital_ano-base_2020.pdf. Acesso em: 25 out. 2021.

OLIVEIRA, B. S. *et al.* Análise de perdas em indústrias gráficas. **Revista Científica Semana Acadêmica**, 11 jan. 2018. Disponível em: https://semanaacademica.org.br/artigo/analise-de-perdas-em-industrias-graficas. Acesso em: 7 maio 2021.

PEDROSA, I. **Da cor à cor inexistente**. 3. ed. Rio de Janeiro: Ed. Léo Christiano, 1982.

PENA, R. A. Desenvolvimento sustentável. **Brasil Escola**, [s. d.]. Disponível em: https://brasilescola.uol.com.br/geografia/desenvolvimento-sustentavel.htm. Acesso em: 7 maio 2021.

REPROSET. **Gestão ambiental e gráficas, a importância de buscar a sustentabilidade**. 2018. Disponível em: https://reproset.com.br/gestao-ambiental-graficas-buscar-sustentabilidade/. Acesso em: 7 maio 2021.

RIBEIRO, M. **Planejamento visual gráfico**. Brasília: LGE Editora, 2007.

ROSSI FILHO, S. **Graphos**: glossário de termos técnicos em comunicação gráfica. 3. ed. Edição digital. São Paulo: Cone Sul, 2001.

SANTOS, V.; VALENTIM, L. **Sustentabilidade social**. 2020. Disponível em: https://www.ufrgs.br/colegiodeaplicacao/wp-content/uploads/2020/08/102-Bioqui%CC%81mica_semana-20_Estudos-Dirigidos.pdf. Acesso em: 7 maio 2021.

SILVA, C. **Produção gráfica**: novas tecnologias. São Paulo: Pancrom, 2008.

SILVA, V. R. R. **A evolução do conceito de sustentabilidade e a repercussão na mídia impressa do país**. 2012. 86f. Dissertação (Mestrado em Comunicação) – Pontifícia Universidade Católica de São Paulo, São Paulo, 2012. Disponível em: https://tede2.pucsp.br/handle/handle/4483. Acesso em: 7 maio 2021.

VILLAS-BOAS, A. **O que é [e o que nunca foi] design gráfico**. Rio de Janeiro: 2AB, 2008. (Série Design).

WERNE, E. M.; BACARJI, A. G.; HALL, R. J. **Produção mais limpa**: conceitos e definições metodológicas. Simpósio de Excelência em Gestão e Tecnologia, s/d. Disponível em: https://www.aedb.br/seget/arquivos/artigos09/306_306_PMaisL_Conceitos_e_Definicoes_Metodologicas.pdf. Acesso em: 7 maio 2021.

WILLIAM, R. **Design para quem não é designer**. São Paulo: Callis, 2009.

WEBGRAFIA

A Propaganda – www.apropaganda.com.br

Da font – www.dafont.com

e-Cycle – www.ecycle.com

Font Fabric – www.fontfabric.com

Font Squirrel – www.fontsquirrel.com

Guia do Gráfico – www.guiadografico.com.br

Tecnologia em Artes Gráficas – www.tecnologiagrafica.com.br

The League of Moveable Type – www.theleagueofmoveabletype.com